すてきなフラワーアレンジ集
生花に見える！

飾る・贈る
花の折り紙

鈴木恵美子
Suzuki Emiko

JN216112

池田書店

はじめに

私が「花の折り紙」の創作を始めてから約20年になります。
オリジナルの第一作は「ツイストローズ」でした。
茨城県の海外研修生になったときに県章の薔薇のデザイン
(国際的グラフィックデザイナー永井一正氏のダイナミックなデザイン) に魅了され、
「このデザインを折り紙で表現したい」と創作しました。
やがて、この作品が私の代表作となりました。

その後も花を見ると、「この花を折りたい」と思い続けたのは、
介護を受けている方々が、飾っている生花のお水を自分で取り替えてあげられない……、
四季の花々を自分一人では見に行けない……という姿に接し、
折り紙の花で慰められないかしらという思いからでした。

今回の「花の折り紙」のテーマを考えたときに、
ひとつの折り方から紙の形を五角形、六角形、八角形の形に変えて作ってみたら、
紙の大きさを変えて作ってみたら、材質を変えて作ってみたら、と考え、
変化していく花々を楽しんでいただきたいということをおもなテーマに決めました。

この考え方は、2001年に出版の『メッシュ折り紙』(ブティック社)で発表した
七変花(化)と同じです。
今でも、「簡単でいろいろに変化できて楽しんでいます」とお便りをいただきますので、
最近、折り紙を始めた方にも紹介したいと思い、新作も含めて一冊にまとめました。
小さい頃から図工好きだった私は、「不切一枚折り」にこだわらず、はさみ、のりを使っています。

私の本をいつも格調高くしてくださる、折り紙研究家で連鶴の大家、岡村昌夫先生が
「ツイストローズとのコラボレーション」の作品を寄せてくださいました。
ぜひ挑戦してみてください。

あなたの心と周りの方が、「花の折り紙」で明るくなりますようにと願っております。

鈴木恵美子 *Suzuki Emiko*

クイズ
この写真では、折り紙作品とともに本物の生花をアレンジメントしています。どの花が本物でしょうか？（答え…P8）

「四季の花の一緒盛り」
～折り紙だからできる　フラワーアレンジメント～
創作・制作：鈴木恵美子

目次

はじめに —— 2

花の折り紙を折る前に
折り紙の種類・材料&道具 —— 10
折り図の記号と基本の折り方 —— 13
折り方の基本形 —— 17
本書の使い方 —— 20

飾って楽しむ 贈って喜ばれる花の折り紙

フリージア

22ページ

カーネーション・
メモポケットつき
ギフトボックス

31ページ

ガーベラ

27ページ

ゆりと
ギガンチューム

38ページ

あやめ

42
ページ

カラー

56
ページ

ツイストローズ

46
ページ

あじさい

58
ページ

たとう折りからの
バラ

52
ページ

コスモス

61
ページ

目次

蓮の花（伝承）
66ページ

ひまわり
78ページ

ぼたん
69ページ

マーガレット・バスケットD
81ページ

ききょう
73ページ

クレマチス
86ページ

りんどう

88ページ

桃の花

102ページ

ポインセチア

93ページ

夢の花の器
（四弁、五弁、六弁）

105ページ

秘伝千羽鶴折形
「鳴子」と
ツイストローズの
コラボ

99ページ

つまみフラワー

109ページ

目次

フラワーボール
113ページ

花びらつきのスターボックス
118ページ

フラワードール
121ページ

折り紙で楽しい
"紙ニケーション"を —— 126

P3の答え

りんどうの生花　ゆりの生花

生花と折り紙フラワーは試験管で隔離しています。ボリュームを出すために、緑の葉は一部造花を使用しています。「われもこう」は、「カラーの花芯」(→P57) と同じ要領で作っています。

花の折り紙を
折る前に

折り紙の種類や使う道具、材料、折り方の基本形などを紹介しています。始める前に目を通して、作品づくりに役立ててください。

折り紙の種類・材料＆道具

おもな折り紙の種類

和紙折り紙

普通の折り紙よりも柔軟性に優れているので、細かい折り方をする作品に向いています。和紙の風合いがより作品を引き立てます。単色や両面色、ぼかしなどがあり、作りたい作品のイメージに合わせて紙を選ぶことができます。

メッシュ折り紙

その名の通り、メッシュの風合いが特徴の折り紙です。単色はもちろん、光沢のあるものなど、種類や色数も豊富です。

通常の折り紙

裏面が白地の一般的な折り紙です。表面の色数はたくさん揃っており、発色のよいものが中心。サイズのバリエーションも豊富です。

折り紙を折るコツ

* ずれのない正確な位置や幅で折りたい場合は、定規のへりやはさみの持ち手のカーブしている部分を使って、しっかりなぞって折るときれいに折れます。

* 今折っている図の1つ先を見ると、折り方の流れがつかめます。

* 折る工程が多く、細かい作業を要する作品は、事前に大きめの折り紙を使って練習すると効果的です。

おもな道具について

はさみ・カッター
紙を切る専用にしましょう。カッターは小まめに刃を折って切れ味のよい状態にしておきます。

木工用接着剤・のり
貼る面積や材質に合わせて、使いやすいほうを選ぶとよいでしょう。

ピンセット
先端の細かい形状を整えたり、小さな材料をつまんだりする際に使います。「ツイストローズ」（→P46）用には先端が細長いタイプが適しています。

グルーガン
物を留めるときに便利です。金属やプラスチックなど、すぐに取りつけられるので重宝します。

色鉛筆・ペン・マーカー類
通常の折り紙を使う際、模様をつけたり、白地に色を足すときに使います。

目打ち
花の中心に穴を開けてワイヤーや紐を通すときなどに使います。

定規
折り紙をきれいに折ることができます。

洗濯クリップ
製作過程で紙と紙数枚を、仮留めする際に使います。

カラースプレー
「ギガンチューム」（→P41）など、白い「メッシュ折り紙」に色をつけるときに使います。

つまようじ
束ねて輪ゴムでとめ、「ツイストローズ」（→P46）を作るときに使います。

おもな材料について

ペップ
何本か束ねて、花芯として使います。マーカー等で先端を塗っても。

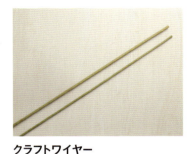

クラフトワイヤー
太めの茎用として使用します。直径のサイズ違いが売っているので、作品に合わせて選びましょう。

ワイヤー
「フリージア」（→P22）や、「ききょう」（→P73）などの細い茎に使います。

フローラテープ
茎用に巻いて使ったり、茎に花をつけるときにも使います。

発泡スチロール球（球または半球）
「あじさい」（→P58）や「フラワーボール」（→P113）の土台になる材料です。

髪留めクリップ・留め具
バレッタや帯留めなどのアクセサリーを作る際に、作品の裏面に取りつけるものです。

綿棒
「ゆり」のめしべ（→P40）を作るときに使います。

紙粘土
「ツイストローズ」のチョーカー（→P51）を作るときに使います。

カラーピン
「あじさい」（→P58）や「フラワーボール」（→P113）の花を留めるときに使います。

折り図の記号と基本の折り方

本書で示している折り図の記号と基本の折り方を解説します。

谷折り線

折った線が内側にくるように折ります。

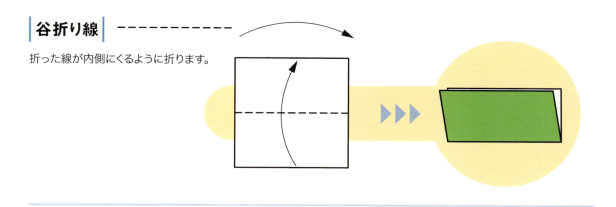

山折り線

折った線が外側にくるように折ります。

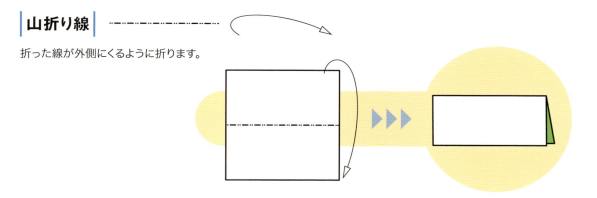

折りすじをつける

谷折りか山折りをしてから、元に戻して折りすじをつけます。

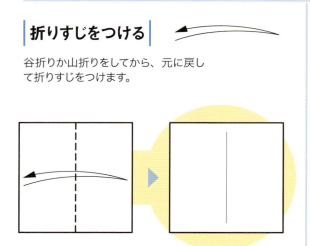

裏返す

紙を裏返します。

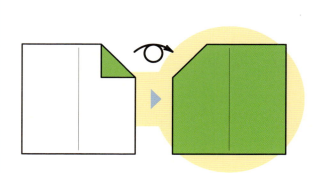

段折り

谷折りと山折りを交互に折ります。

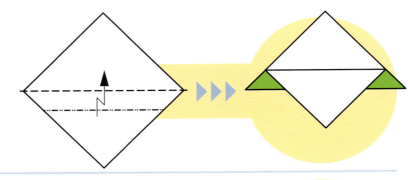

中割り折り

鶴の頭を折るときのように、2枚重なって三角になっている部分の先端を内側に折り込む折り方です。折り方（→P16）

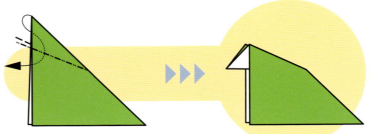

かぶせ折り

2枚に重なっている部分で中から外へかぶせるように折る折り方です。折り方（→P16）

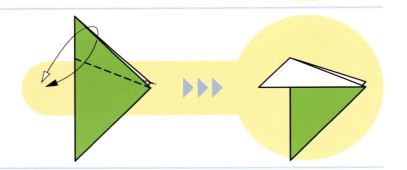

向きを変える

次の工程で紙の向きが変わることを表しています。

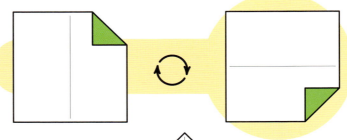

図の拡大・縮小

 拡大 縮小

次の工程で折り図が拡大・縮小することを表しています。

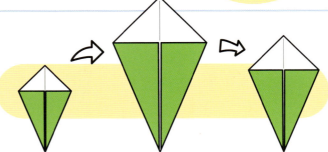

| 開く |

矢印で指した箇所を開きます。

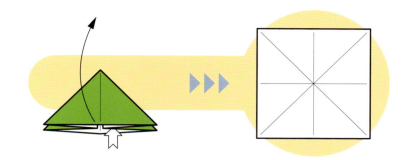

| 押し込む・つぶす |

矢印に向かって押し込む、またはつぶします。沈め折りともいいます。

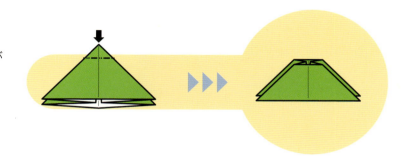

| 差し込む・引き出す |

矢印に向かって差し込む、または引き出します。

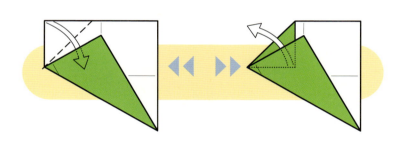

| 切る |

はさみの位置で切ることを表しています。

| のりづけ |

のりや接着剤をつける位置を斜線で示しています。

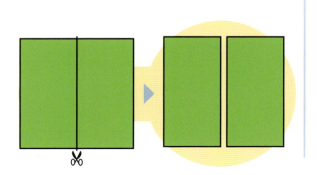
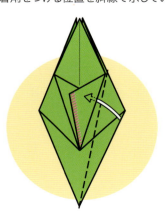

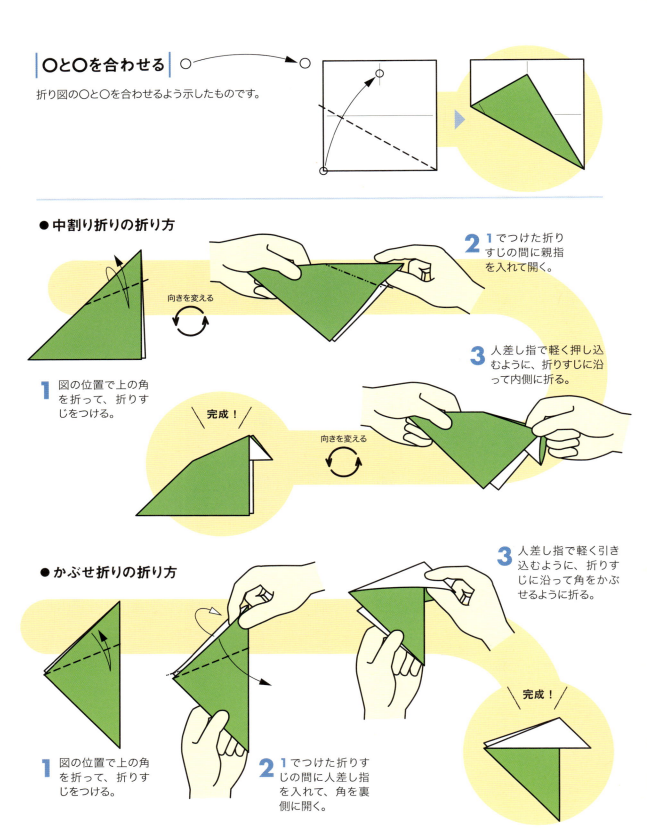

折り方の基本形

本書では、作品によっては基本の折り方を省略しているものがあります。
こちらを参照して基本を覚えましょう。

正方基本形

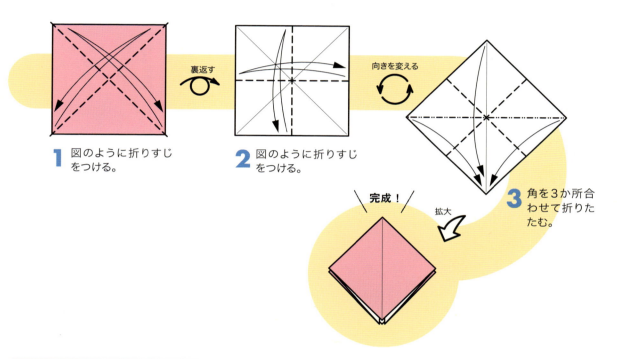

1 図のように折りすじをつける。
2 図のように折りすじをつける。
3 角を3か所合わせて折りたたむ。

ざぶとん基本形

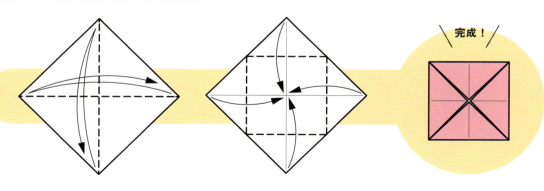

1 図の位置で折りすじをつける。
2 図のように折る。

折り鶴基本形

正方基本形（→P17）を折ってから始めます。

1 図の位置で左右を折って、折りすじをつける。

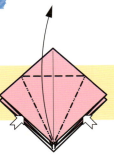

2 左右を開きながら下の角を引き上げる。

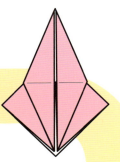

3 裏側も同様に折る。

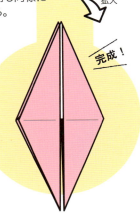

完成！

風船基本形

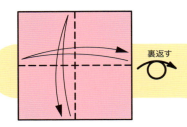

1 図の位置で折りすじをつける。

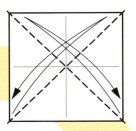

2 図の位置で折りすじをつける。

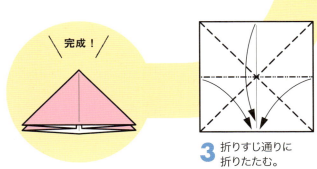

3 折りすじ通りに折りたたむ。

完成！

肩掛け基本形

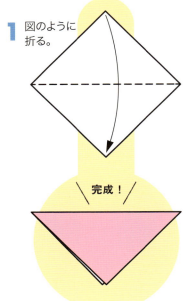

1 図のように折る。

完成！

正五角形の作り方

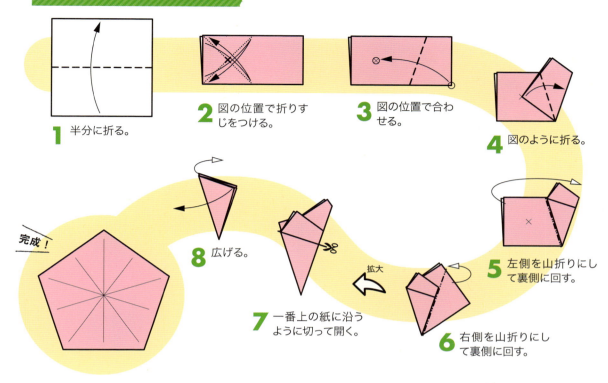

正六角形の作り方

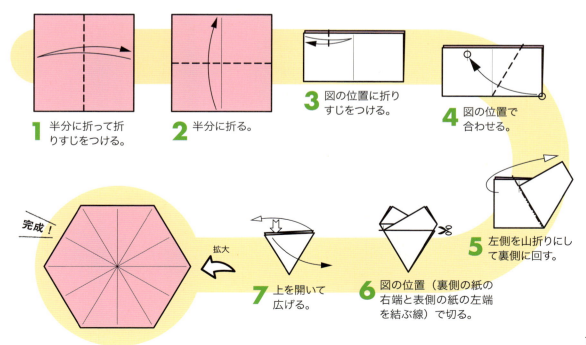

本書の使い方

その作品で使う紙のサイズや枚数、材料などを表記しています。

アドバイス
紙選びのポイントや折り方のコツなどを紹介しています。

折り図の記号（→P13〜）です。

演出のアイデア
飾り方やギフトの提案など、作品のおすすめの演出方法を紹介しています。

この作品ができたときのエピソードなど、作品について解説しています。

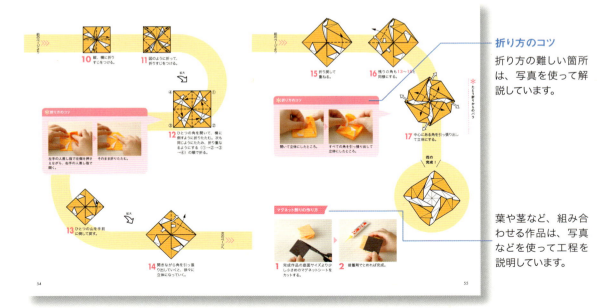

折り方のコツ
折り方の難しい箇所は、写真を使って解説しています。

葉や茎など、組み合わせる作品は、写真などを使って工程を説明しています。

注意！ 本書で紹介している折り図の一部では、わかりやすさを重視して、作品と異なる色で折り図を紹介しています。

飾って楽しむ
贈って喜ばれる
花の折り紙

折り紙で作れる花の数々をご紹介します。どれも素敵な作品ばかりですので挑戦してみましょう。お部屋に飾ったり、贈り物にしたりと幅広く楽しめます。

演出のアイデア

一輪ざしとして飾ったり、スイートピーなどと組み合わせたりすると、お部屋がぱっと明るくなります。一輪ざしにするなら、白磁のシンプルな背の高い花瓶がよく似合います。

フリージア

愛らしい丸みを帯びた花びらが特徴のフリージア。昔、吉永みち子さんからいただいたお手紙に貼ってあった切手がこのフリージアでした。これを見てから、いつか折ってみたいと思っておりました。春から初夏にかけて、洋室はもちろん和室にも映える、素敵な演出になります。

フリージア

● 仕上がりサイズ
全長約30cm

● 紙のサイズ＆枚数
花（両面同色の和紙）：
15cm×15cm……2枚
葉：5cm×24cm……2枚
花芯：1cm×3cm……6枚

● 材料＆道具
ワイヤー：（茎）50cm……2本
　　　　　（葉）27cm……2本
フローラテープ、木工用接着剤、
はさみ、ピンセット

アドバイス
小さい花から組み立てていきますが、はじめは大きい花で折り方に慣れましょう。花芯は、折り紙で花を取ったあとの余った部分で作ることができます。

＊フリージア

フリージアの花の作り方

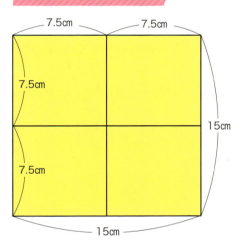

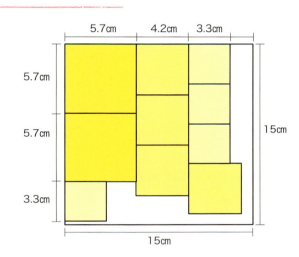

15cm×15cmの折り紙2枚でこの枚数分が取れる

7.5cm×7.5cm ……… 4枚分
5.7cm×5.7cm ……… 2枚分
4.2cm×4.2cm ……… 4枚分
3.3cm×3.3cm ……… 4枚分
残った部分 ………… 花芯

＜フリージア1輪につく花の折り紙サイズ＞　※外花と内花の紙のサイズは同じです。

先端（3.3cm角）のガクは、4面とも外花の工程**3**と同じ折り方です。

23

フリージアの外花の作り方 ※折り鶴基本形（→P18）を折ってから始めます。

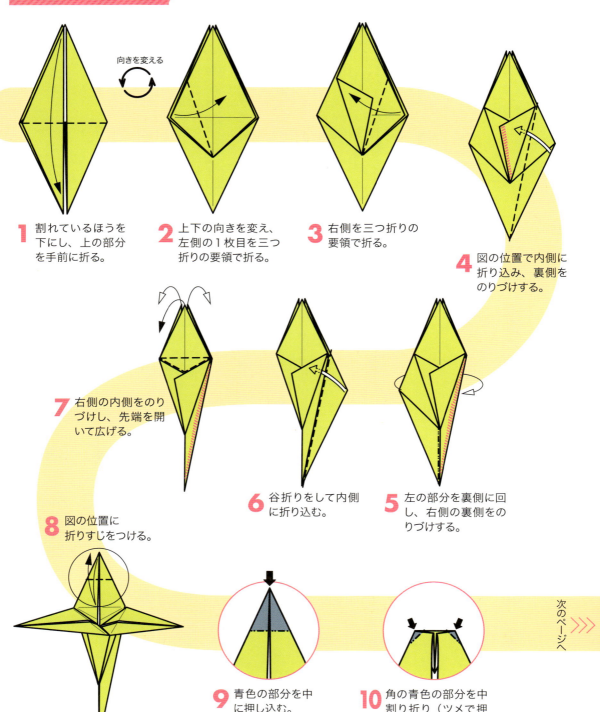

1 割れているほうを下にし、上の部分を手前に折る。

2 上下の向きを変え、左側の1枚目を三つ折りの要領で折る。

3 右側を三つ折りの要領で折る。

4 図の位置で内側に折り込み、裏側をのりづけする。

7 右側の内側をのりづけし、先端を開いて広げる。

6 谷折りをして内側に折り込む。

5 左の部分を裏側に回し、右側の裏側をのりづけする。

8 図の位置に折りすじをつける。

9 青色の部分を中に押し込む。

10 角の青色の部分を中割り折り（ツメで押し込むよう）にして、丸みをつける。

次のページへ

24

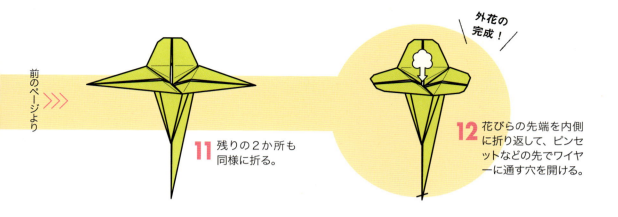

11 残りの2か所も同様に折る。

12 花びらの先端を内側に折り返して、ピンセットなどの先でワイヤーに通す穴を開ける。

外花の完成！

＊フリージア

フリージアの内花の作り方

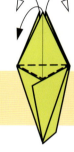

1 フリージアの外花の1〜6までを同様に折り、図の位置で切る。

裏側の線で切る。

切った後は、紙を伸ばして花芯が作れる。

2 外花の8〜10と同じ方法で先端を開いて広げる。

3 フリージアの外花の8〜12と同様に折る。

内花の完成！

外花と内花の組み合わせ方

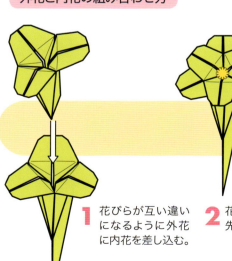

1 花びらが互い違いになるように外花に内花を差し込む。

2 花芯を差し込んで先端を開く。

フリージアの花芯の作り方

1 紙をきつく巻いていく。

2 端を接着剤でしっかりとめる。

3 はさみで先端に切り込みを入れる。

25

フリージアの葉の作り方

1 半分に折って折りすじをつける。

2 折りすじにワイヤーを乗せ、図の位置で折る。

3 ワイヤーを包み込むようにし、根本を折りたたむ。

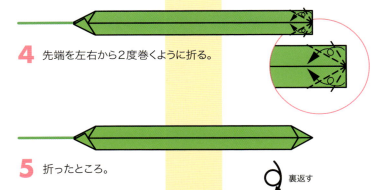

4 先端を左右から2度巻くように折る。

5 折ったところ。

↻ 裏返す

6 完成（表に返したところ）。

葉のつけ方

1 ワイヤーの先端に、フローラテープを水平に数回くるくるととめる。

2 フローラテープを引っ張りながら斜めに巻きつけていく。

3 すべて巻きつけたところ。

4 葉の位置を決めて、ワイヤーに葉を沿わせる。

5 同じ要領で巻きつけていく。茎にフリージアの花をつけるときも同様の方法で行う。

ガーベラ

花の色がピンク、オレンジ、白、赤、黄と豊富で、色により花言葉が違います。プレゼントに添えるお花として人気があるのもそんなところからでしょうか。たとえば、オレンジは探求心、我慢強さなど、自分が新しく何かを始めたいとき、そばに置いてパワーをもらいましょう。

演出のアイデア

リボンとあわせてガーランドにして壁面飾りにしたり、プレゼントボックスやバスケットに添えると素敵です。大きめのしっかりとした紙で作ると器になります。側面の折りを変えると（→P30）深さのあるものに。

ガーベラ

- 仕上がりサイズ
（両面同色の和紙）約6cm×6cm
- 紙のサイズ&枚数
15cm×15cm……1枚につき1個分
- 材料&道具
リボンや紐など、木工用接着剤、はさみ

アドバイス

真ん中がふっくらしたほうが見映えがよいので、仕上げには気をつけて。工程**7〜13**までは「ひまわり」（→P78）で同じ折り方をしますので、ここでマスターしておくとよいでしょう。

ガーベラの花の作り方
※正六角形（→P19）を作ってから始めます。

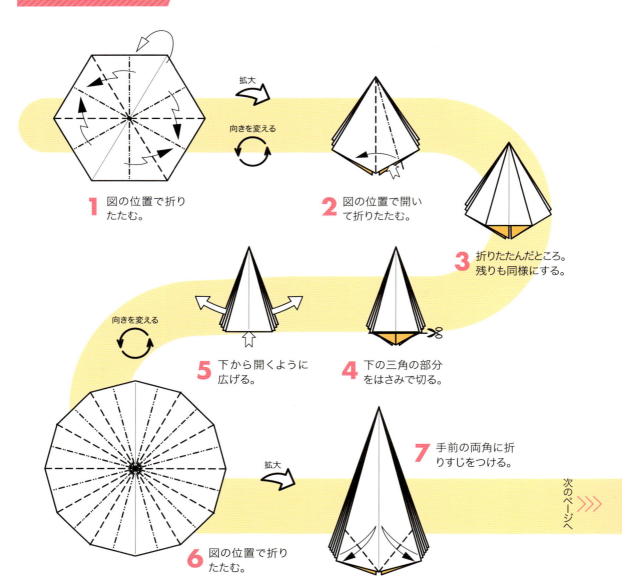

1 図の位置で折りたたむ。
2 図の位置で開いて折りたたむ。
3 折りたたんだところ。残りも同様にする。
4 下の三角の部分をはさみで切る。
5 下から開くように広げる。
6 図の位置で折りたたむ。
7 手前の両角に折りすじをつける。

次のページへ

28

前のページより >>>

8 中割り折りをする。

9 折ったところ。残りも同様に折る。

向きを変える

10 図の位置で折りすじをつける。

＊ガーベラ

11 手前の角を開きながら折り下げる。

＊折り方のコツ

中割り折りをしながら、親指のつめで押し倒すとよい。

12 図のように中割り折りをする。

＊折り方のコツ

左手で下部分をつまみながら、右手の人差し指で押し戻すとスムーズ。

13 手前の角をもとに戻す。残りも同様に折る。

次のページへ >>>

14 図の位置で折り、残りも同様に折る。

15 上の角を開きながら底を押し上げる。

16 中心を図のように折る。

17 折ったところ。

裏返す

18 表面は左手の人差し指を裏側で押して、ふくらみを出す。最後に花びらと花びらの間の溝をつまむ。

花の完成！

✲ 折り方のコツ

裏面はつまんで底を作り、中心に向かって倒す。

組み合わせ方

ガーランドは、リボンや紐に接着剤を使ってガーベラの裏面をとめます。花びらの中心は、表面がふっくらするように整えます。壁面などに飾る際、ガーベラをつける位置を一定の間隔にすると、きれいに仕上がります。

カーネーション・
メモポッケトつきギフトボックス

雅子妃が御出産後の記者会見で、「生まれてきてくれてありがとう」と感謝のお言葉を述べられたようすを見て、カーネーションを作りたいと思いました。12月1日のお誕生日にちなみ、実在するプリンセスマサコの薔薇から生まれるように、「ツイストローズNo.2」※の図の12工程目をカーネーションの1工程目として創作した作品です。

演出のアイデア

箱に生花のバラやカーネーションを短く切って敷き詰めるプレゼントが人気です。折り紙フラワーでも同じです。お祝いやお見舞いに心を込めて折って……そして、メッセージカードも添えてプレゼントすると喜ばれます。

※「ツイストローズ」の創作2作品目

カーネーション

● 仕上がりサイズ
約5cm×5cm

● 紙のサイズ&枚数
15cm×15cm……1枚につき1個分

アドバイス

カーネーションを並べたときにグラデーションを感じる紙や色選びをすれば、まるで、太陽の光を受けたお花畑にあるようなイメージになります。

カーネーションの花の作り方

※風船基本形（→P18）を折ってから始めます。

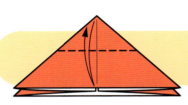

1 図の位置で半分に折りすじをつける。

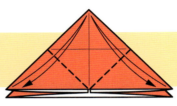

2 図の位置で折りすじをつける。

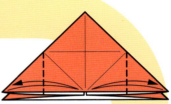

3 図の位置で左右に折りすじをつける。

6 左から右へ、右から左へと折り返す。

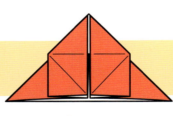

5 4を折ったところ。裏側も1〜5と同様に、中を開いて折りたたむ。

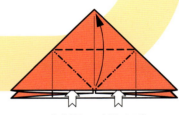

4 中を開いて折り上げる。

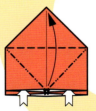

7 中を開いて折りたたむ。

拡大

8 裏側も同様に、中を開いて折りたたむ。

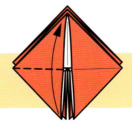

9 図の位置で上に折る。

次のページへ >>>

前のページより

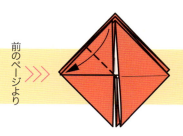

10 図の位置で折り下げる。

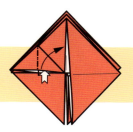

11 開いて折りたたむ（袋折り）。

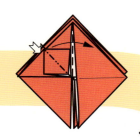

12 左側のすき間を開いて折りたたむ。

13 飛び出ている三角の部分を右側に折る。

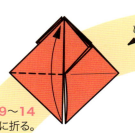

15 残りを9〜14と同様に折る。

裏返す

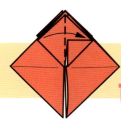

14 裏側も7〜13と同様に折る。

カーネーション・メモポケットつきギフトボックス

拡大

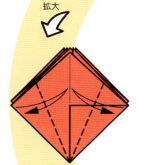

16 図の位置で、折りすじをつける。

✱ 折り方のコツ

左右をつまみながら軽く広げると、上の角が自然と下がる。

しっかりと広がったところ。

最後まで押しつぶせば、沈め折りのできあがり。

つまんだまま、押し戻していくと中が沈む。

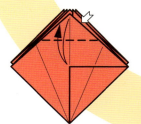

17 図の位置で、折りすじをつける。

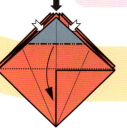

18 折りすじで手前に折る。開いて押しつぶす。

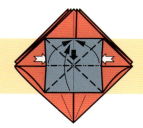

19 図の位置で折り、元に戻す。

次のページへ

前のページより >>>

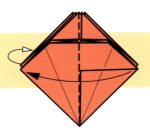

20 17と同じ（風船基本形）タイプのところ。（型くずれしても心配せず進める）同様に折る。

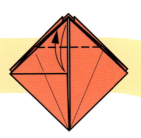

21 図の位置で、折りすじをつける。

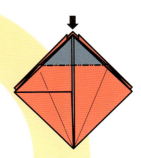

22 折りすじから、中に折り込む。

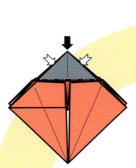

25 中心に残った1つを中にぐっと押し込む（中心に残った風船基本形も同様に沈め折り）。

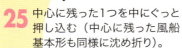

24 しっかり折り込んだら、21と同じタイプを同様に折り込む。

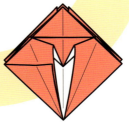

23 折り込む途中。

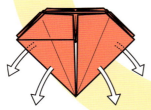

26 それぞれの角を図のように広げる。

おにぎりを握るように手のひらの中でやさしく回し、仕上げのおまじない。

花の完成！

メモポケットつき ギフトボックス

● 仕上がりサイズ
幅15cm×15cm×高さ10cm

● 紙のサイズ&枚数
（写真の作品は）
箱：39.5cm×39.5cm……1枚
ふた：39.5cm×40.2cm……1枚

アドバイス

上箱は、はじめの紙のサイズで長辺と短辺の差が大きいほど、メモポケット（たすきがけ）の幅が広くなります。包装紙などで試し折りをして、紙の大きさを決めましょう。

下箱の作り方

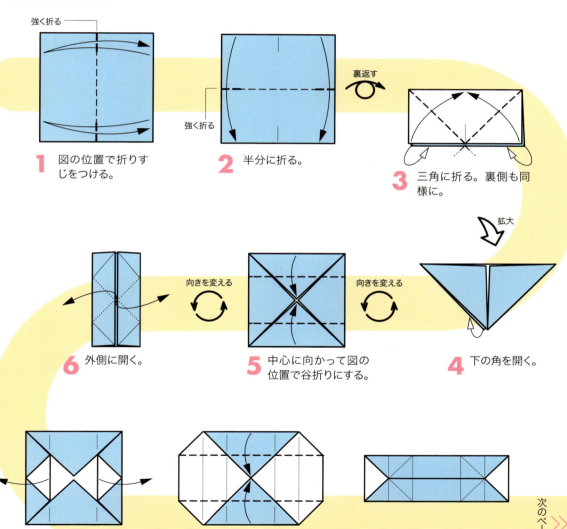

1 図の位置で折りすじをつける。
2 半分に折る。
3 三角に折る。裏側も同様に。
4 下の角を開く。
5 中心に向かって図の位置で谷折りにする。
6 外側に開く。
7 左右の三角が裏側に回るように開く。
8 中心に向かって図の位置で谷折りにする。
9 8を折ったところ。

＊カーネーション・メモポケットつきギフトボックス

次のページへ

35

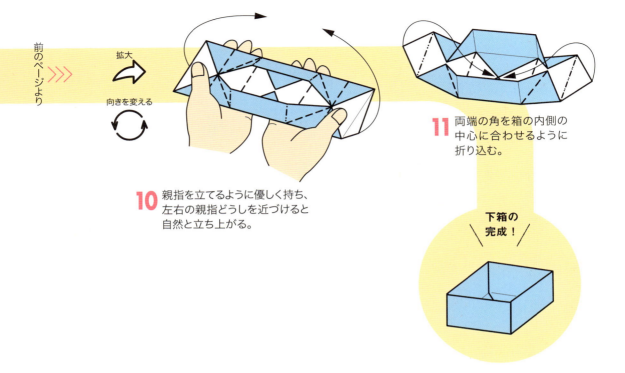

10 親指を立てるように優しく持ち、左右の親指どうしを近づけると自然と立ち上がる。

11 両端の角を箱の内側の中心に合わせるように折り込む。

下箱の完成！

上箱のふたの作り方

※ふたになる上箱の紙のサイズは、下箱の紙の正方形の辺より長い紙を使います。

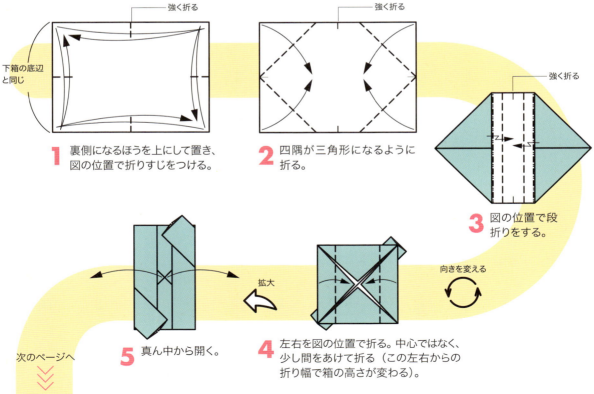

1 裏側になるほうを上にして置き、図の位置で折りすじをつける。

2 四隅が三角形になるように折る。

3 図の位置で段折りをする。

4 左右を図の位置で折る。中心ではなく、少し間をあけて折る（この左右からの折り幅で箱の高さが変わる）。

5 真ん中から開く。

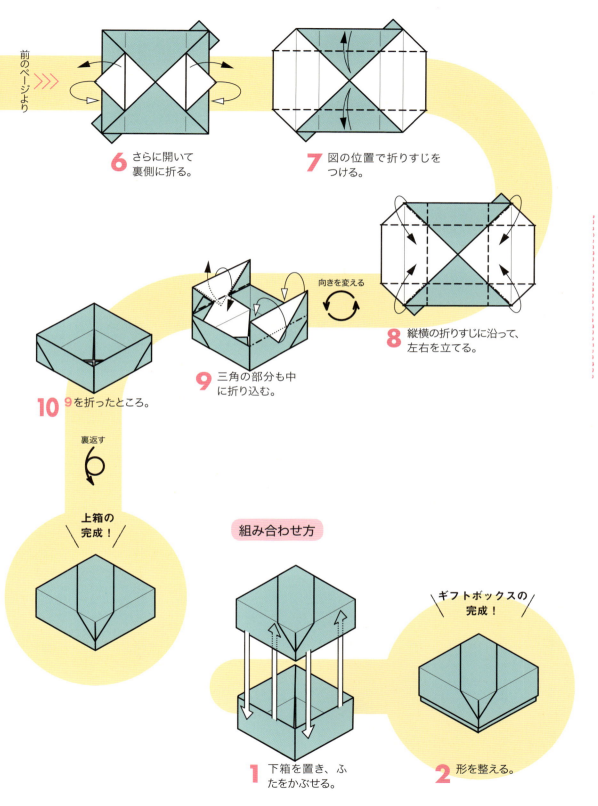

ゆりと ギガンチューム

ゆりは種類が多く、花の大きさ、色もさまざま。さらに葉の大きさや長さ、つき方も違います。生花のおしべは、花粉が洋服につかないようにカットされているものが多いので、何となくかわいそうに見えます。この作品では、おしべもしっかりと作って飾りましょう。ギガンチュームは、フラワーアレンジメントで人気の花。紫系や赤紫系を多く見かけます。

演出のアイデア

ゆりの花言葉は花の色や品種によって違いますが、白ゆりは「無垢」「純潔」。白はもちろん、薄いピンク色の紙で折っても素敵です。そして、舞台やスタジオ、ロビーなどに飾るアレンジメントには欠かせないギガンチュームは、思いきり長くダイナミックに。テーブルに飾るときは短めにして。大きめの花器にすると安定感が出ます。

ゆり

- **仕上がりサイズ**
  全長約25cm

- **紙のサイズ&枚数**
  花：24cm×24cm……2枚
  葉：3cm×12cm……3枚

- **材料&道具**
  綿棒……1本　ペップ……6本
  クラフトワイヤー：（茎）30cm……1本
  ワイヤー：（葉）8cm……3本
  フローラテープ、ティッシュペーパー、
  木工用接着剤、はさみ、
  ポスターカラーマーカー（黄色）、
  アイスキャンディの棒など

> **アドバイス**
> 外側の花（タイプA）の中に内側の花（タイプB）を入れるときは、強く押し込まないと内側の花が浮いて美しくありません。よく、なじませて高さをそろえるようにしましょう。

ゆりとギガンチューム

ゆりの花の作り方

- **タイプAを作る**
  ※「フリージアの外花」（→P24）の **1〜7** と同じです。

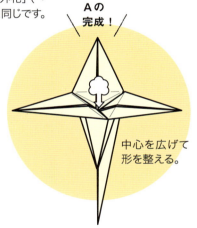

Aの完成！
中心を広げて形を整える。

- **タイプBを作る**
  ※「フリージアの内花」（→P25）の **1〜2** と同じです。

Bの完成！
花びらを整える。

- **タイプAとBを組み合わせる**

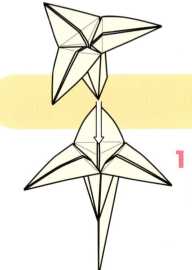

1 Aを広げ、花びらが互い違いになるようにBを差し込み、接着剤でとめる。

2 Bの上からワイヤーを通し、Aの下部で接着剤でとめる。最後にアイスキャンディの棒など平たいもので、花びらの裏側をしごき、カールさせる。

39

ゆりのめしべの作り方

1. 綿棒の先端を図の位置で切る。
2. ティッシュペーパーを細くちぎり、綿棒に巻いて接着剤でとめる。
3. 形を整えれば完成。

ゆりのおしべの作り方

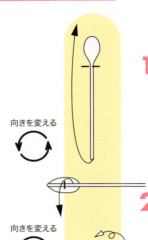

1. ペップの軸を上に曲げる。
2. ペップを横にし、軸がT字型になるように、下に折り曲げる。
3. ティッシュペーパーを細くちぎり、ペップに巻いて接着剤でとめる。
4. 黄色のマーカーで色を塗る。お好みで軸を緑色のマーカーで塗ってもよい。
5. 形を整える。これを6本分作る。

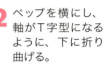

向きを変える

花の完成！

組み合わせ方

めしべ1本のまわりにおしべ6本を添えてフローラテープで巻き、花の中央に花芯を差し込み、接着剤でとめれば完成。最後に花びらの内側にマーカーで模様（点）をつける。

ゆりの葉と茎の作り方

作り方は途中まで「りんどうの葉」（→P92）と同じです。

葉と茎の組み合わせ方

「フリージア」（→P26）と同じ要領で作ります。茎に花をつけるときも同様の方法で行います。

ギガンチューム

- **仕上がりサイズ**
  花：直径12cm程度
  茎：40cm程度

- **紙のサイズ&枚数**
  花（メッシュ折り紙・白）：30cm×30cm
  ……3枚（4枚でも可）

- **材料&道具**
  クラフトワイヤー：40cm（太さ4mm）
  ……1本
  フローラテープ、
  カラースプレー（紫色）、
  木工用接着剤

アドバイス

ギガンチュームは、カーネーションを3〜4つ組み合わせたものです。花びら同士を差し込むこともできます。メッシュ折り紙は糸と針を使って組み合わせてもできます。

ギガンチュームの花の作り方

※「カーネーション」（→P31）を3つ（4つでも可）束ねたものが「ギガンチューム」の花のベースになります。
※作り方は「カーネーション」（→P31）と同じです。

1 「カーネーション」と同じ花が完成したら、接着剤で3つを束ねてつけ、球体にする。

2 クラフトワイヤーの先端と花を接着剤でとめる。

3 仕上げにカラースプレーで花全体に色をつける。

花の完成！

ゆりとギガンチューム

41

あやめ

花を見ると「いずれ菖蒲か杜若」と浮かんでくる作品です。花の色は青や紫ですが、まれに白も見かけます。葉は直立していて、高さは30〜60cm。伝承折り紙の「あやめ」は、四弁の花びらですが、本物らしく三弁の花びら（外花）にし、内花を別仕立てにしました。

演出のアイデア

フラワーアレンジメントで使うオアシスにさしたり、楕円形の浅い花器にすっと生けると引き立ちます。

あやめ

● 紙のサイズ＆枚数
花（両面同色の和紙）：15cm×15cm（青・紫）
……2枚、5cm×5cm（黄色）……1枚
葉：5cm×24cm……4枚、5cm×8cm……2枚

● 材料＆道具
クラフトワイヤー：（茎）50cm……2本
ワイヤー：（葉）27cm……4本
　　　　　　　 11cm……2本
フローラテープ、木工用接着剤、のり、はさみ、ピンセット

● 仕上がりサイズ
全長約30cm

アドバイス
花びらで使っている網目模様の和紙は入手しにくいので、ない場合は外花に白の色鉛筆などで模様を描くと、より本物らしく見えます。また、葉をしっかりさせるために、ワイヤーは丈夫なタイプのものを選んで。

あやめの外花の作り方
※正方基本形（→P17）を折ってから始めます。

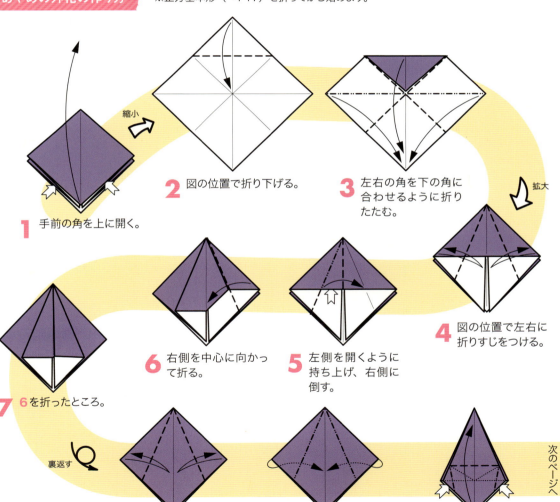

1 手前の角を上に開く。

2 図の位置で折り下げる。

3 左右の角を下の角に合わせるように折りたたむ。

4 図の位置で左右に折りすじをつける。

5 左側を開くように持ち上げ、右側に倒す。

6 右側を中心に向かって折る。

7 6を折ったところ。

8 図の位置で左右に折りすじをつける。

9 図の位置で中割り折りをする。

10 上下の角を合わせるように折りすじをつけ、左右の間を開きながら引き上げて折る。

次のページへ

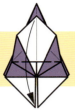
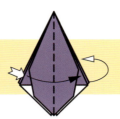

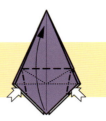
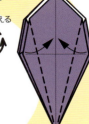

11 手前を下に戻す。

12 左側の2枚を右側に倒し、右側の1枚を裏側に倒す。

13 残りも10〜12と同様に折る。

14 図の位置で左右を折る。

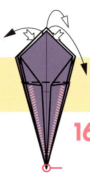

外花の完成！

15 残りの3か所も同様に折る。

16 中心を広げて、ピンセットなどでワイヤーを通す穴を開け、斜線の裏側をのりづけする。

あやめの内花の作り方

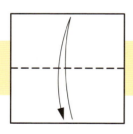
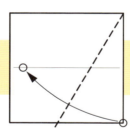
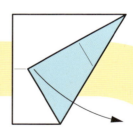
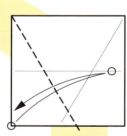

1 半分に折って折りすじをつける。

2 ○印を合わせるように折る。

3 2を戻して折りすじをつける。

4 反対側も同様に折りすじをつける。

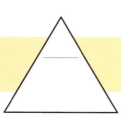
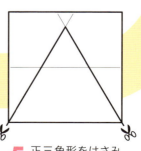

7 図の位置に折りすじをつける。

6 5を切ったところ。

5 正三角形をはさみで切り取る。

次のページへ

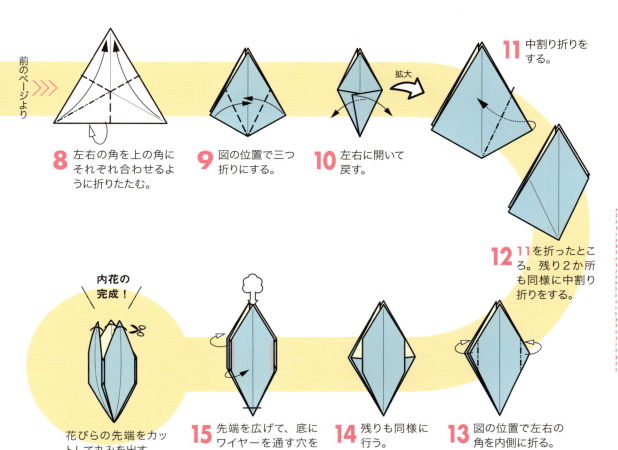

8 左右の角を上の角にそれぞれ合わせるように折りたたむ。

9 図の位置で三つ折りにする。

10 左右に開いて戻す。

11 中割り折りをする。

12 11を折ったところ。残り2か所も同様に中割り折りをする。

13 図の位置で左右の角を内側に折る。

14 残りも同様に行う。

15 先端を広げて、底にワイヤーを通す穴を開ける。斜線の裏側をのりづけする。残りも同様に行う。

内花の完成！ 花びらの先端をカットして丸みを出す。

＊あやめ

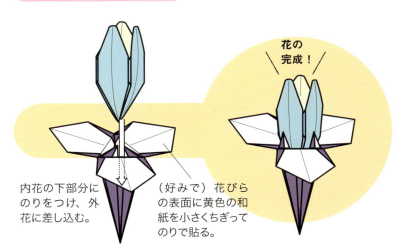

外花と内花の組み合わせ方

内花の下部分にのりをつけ、外花に差し込む。

（好みで）花びらの表面に黄色の和紙を小さくちぎってのりで貼る。

花の完成！

あやめの葉と茎の作り方

「フリージア」の葉（→P26）と同じ方法で作ります。

葉と茎の組み合わせ方

「フリージア」（→P26）と同じ要領で作ります。茎に花をつけるときも同様の方法で行います。

演出のアイデア

ツイストローズは、写真のようにチョーカーやバレッタ、そして帯飾りなど、アクセサリー全般に使え、また贈り物にも最適で喜ばれます。誕生日や発表会などのお祝いの場に100本の花束にしても。

ツイストローズ

一番簡単な「ツイストローズNo.1」※を花冠仕立てにしました。パーティーが始まるまではリースとして壁面飾りに。始まったら作品を外して、「今日のメインゲストに……」と、被せてあげたり、おうちでお子さんがよいことをしたときに、被せてあげたりすると喜ばれます。

※「ツイストローズ」の創作1作品目

ツイストローズのリース

- **仕上がりサイズ**
  約30cm×30cm

- **紙のサイズ&枚数**
  花：7.5cm×7.5cm……13枚
  葉：3.75cm×3.75cm……10枚

- **材料&道具**
  ワイヤー……1m×1本
  つまようじ……4本
  輪ゴム……1本
  フローラテープ、葉つきリボン、
  グルーガン、木工用接着剤、ピンセット

> **アドバイス**
> 花束にするときは、両面同色の和紙が最適です。普通の折り紙で折る場合、中心よりも浅めに折るざぶとん折りから始めると、花を側面から見ても花弁の裏側が同色になります。

ツイストローズの花の作り方

ツイストローズ

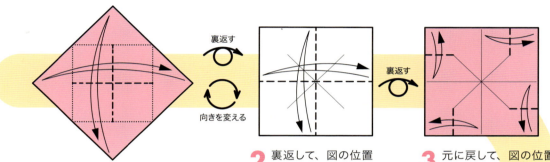

1 図の位置で、折りすじをつける。

2 裏返して、図の位置で折りすじをつける。

3 元に戻して、図の位置で折りすじをつける。

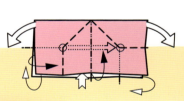

5 山折りをつまみ、○と○が中心で合うように引き寄せる。

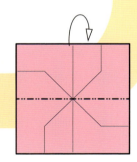

4 山折りをする。

*折り方のコツ

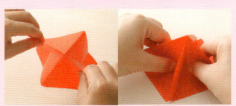

つまんでいる両手のゆびを滑らせて、真ん中でぶつかるようにして。

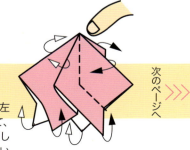

拡大 ⇨

6 テーブルの上か左手のひらにのせて、上からゆっくり押していくと下が開いてくる。

次のページへ ≫

47

前のページより

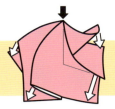

7 頂点を指で押し、半ひねりになったところ（裏側が**8**になるように表側は半ひねりになっている）。

裏返す

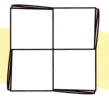

8 裏返すと図のような形になる。

裏返す

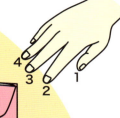

9 真上から見たところ。●のところに指を入れ、右に2度回したら指を入れ替えてまたねじる。

✲折り方のコツ

手のひらで包むように置き、右手の4指を深く入れる。

4指でしっかりとひねる。

つまようじ4本の上部を輪ゴムで束ねたものを指の代わりに使う。

向きを変える

10 つまようじを十字に深く差し込み、巻いていく。

✲ねじり方のコツ

これをくり返す。

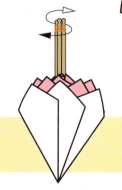

11 少しひねったら、つまようじを少し抜く。これをくり返す。

12 つまようじを回しては少し抜く……という作業をくり返していると、つまようじが自然と抜ける。

次のページへ

前のページより >>>

13 さらにピンセットで花の中心をはさみ、ひねりながら押し込む。

14 ピンセットで最後までひねりながら押し込む。

15 最後までひねりながら押し込んだところ。

※ ツイストローズ

❋ 折り方のコツ

❋ 折り方のコツ

17 ●印の花びらを外に軽くカールさせる。

16 ●印の花びらを広げる。四隅から出ている折りすじをなでるようにして消す。

❋ 折り方のコツ

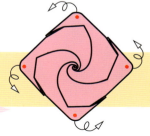

18 ●印の花びらを外に軽くカールさせる。

花の完成！

19 形を整える。

49

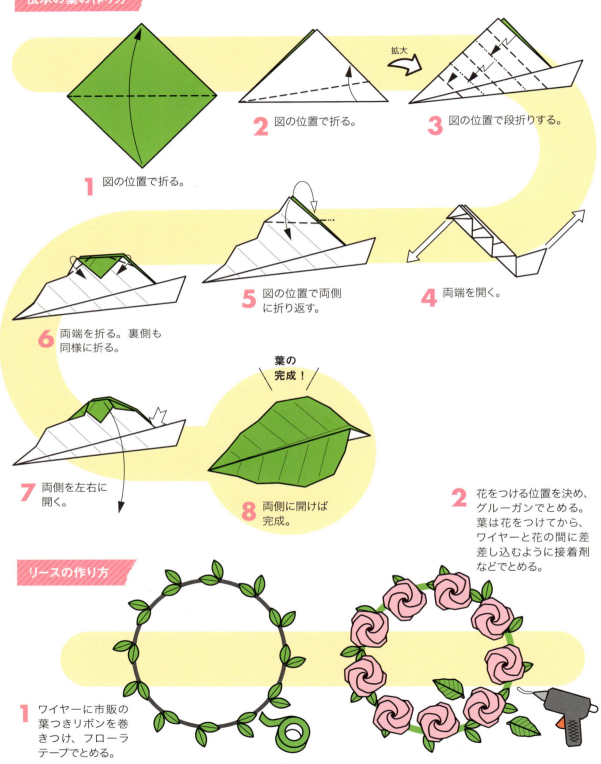

ツイストローズのチョーカー

- ●仕上がりサイズ
  全長約20cm
- ●紙のサイズ&枚数
  花：3.75cm×3.75cm……9枚
  葉：3.75cm×3.75cm……10枚
- ●材料&道具
  チョーカー、紙粘土、木工用接着剤、ピンセット、つまようじ…4本、輪ゴム…1本

> **アドバイス**
> ドレスの色に合わせて何色か作っておくと便利です。デザインはお好みで。

チョーカーの作り方
※「ツイストローズ」の花と葉（→P47〜50）を作っておきます。

1 紙粘土を棒状に伸ばして形を整える。

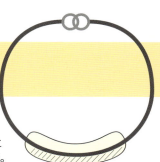

2 チョーカーの紐の中心に1を取りつけて埋め込む。

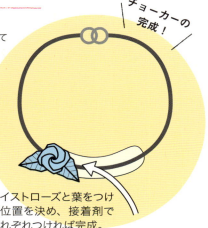

3 ツイストローズと葉をつける位置を決め、接着剤でそれぞれつければ完成。

＊ツイストローズ

ツイストローズのバレッタ

- ●仕上がりサイズ
  全長約10cm
- ●紙のサイズ&枚数
  花：3.75cm×3.75cm……3枚
- ●材料&道具
  バレッタ、グルーガン、ピンセット、つまようじ…4本、輪ゴム…1本

> **アドバイス**
> 花は小さい作品なので、ピンセットは細長いタイプのものを使うと、スムーズで美しく仕上がります。

バレッタの作り方
※「ツイストローズの花」（→P47〜49）を作っておきます。

1 バレッタの大きさに合わせて、ツイストローズの数や大きさを決める。

2 グルーガンで花をバレッタにつければ完成。

たとう折り からのバラ

昔からおなじみの「たとう」からのアレンジ作品です。底が平らで真四角の作品なので、家に貯まっていたマグネットの広告を見て、「これを貼ろう！」と思いつきました。真ん中にお孫さんの小さい写真を入れて贈り物にしても喜ばれます。

演出のアイデア

冷蔵庫だけでなく、黒板やホワイトボードなど、マグネットの効くところに。大きなポスターなどを貼るときの、四隅の止め飾りにしても。1個飾りのときはカラフルな折り紙を選ぶと、とても映えます。

たとう折りからのバラ

- 仕上がりサイズ
  約5cm×5cm
- 紙のサイズ&枚数
  15cm×15cm……1枚につき1個分
- 材料&道具
  マグネットシート：約4cm×4cm
  ……（バラ1個あたり）1枚
  木工用接着剤、はさみ

アドバイス
「回し折り」（たとうを折るときに各辺を手前にして折る方法）の最後が分かりにくいときは、その次の折り図をよく見てください。

バラの花の作り方

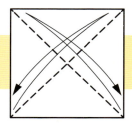

1 対角線に折って、折りすじをつける。

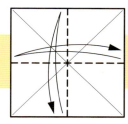

2 縦、横に折って、折りすじをつける。

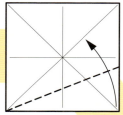

3 1の折りすじに合わせて、図の位置で折る。

6 5で折った端に合わせて、図の位置で折りすじをつける。

向きを変える

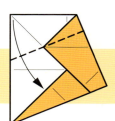

5 4で折った端に合わせて、図の位置で折る。

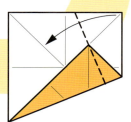

4 3と同様に、もう一方も1の折りすじに合わせて、図の位置で折る。

7 図の位置で折って中割り折りをし、全体を正方形にする。

8 7を折ったところ。

拡大

9 それぞれ対角線に折る。

次のページへ

*たとう折りからのバラ

53

前のページより

10 縦、横に折りすじをつける。

11 図のように折って、折りすじをつける。

 拡大

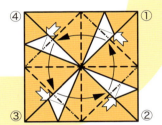

12 ひとつの角を開いて、横に倒すように折りたたむ。次も同じようにたたみ、折り重なるようにする（①→②→③→④）の順で折る。

> ✻ 折り方のコツ
>
>
>
> 左手の人差し指で左側を押さえながら、右手の人差し指で開く。　そのまま折りたたむ。

13 ひとつの山を手前に倒して戻す。

 拡大

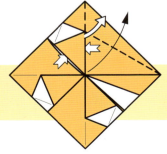

14 開きながら角を引っ張り出していくと、徐々に立体になっていく。

次のページへ

54

前のページより

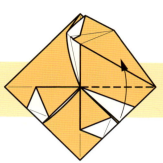

15 折り戻して重ねる。

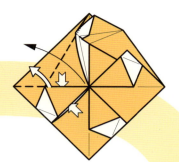

16 残りの角も13〜15と同様にする。

✻ 折り方のコツ

開いて立体にしたところ。

すべての角を引っ張り出して立体にしたところ。

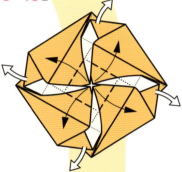

✻ たとう折りからのバラ

17 中心にある角を引っ張り出して立体にする。

花の完成！

マグネット飾りの作り方

1 完成作品の底面サイズより少し小さめのマグネットシートをカットする。

2 接着剤でとめれば完成。

カラー

花言葉は「華麗なる美」「乙女のしとやかさ」「清浄」……。ギリシャ語の「カロス」（美しい）が語源といわれています。花嫁の純白のウエディングドレスの裾を思わせ、結婚式のお祝いやブーケにもよく使われます。

演出のアイデア

花の色は、白のほかにピンク、黄色、オレンジもあります。モダンな花器に入れると引き立ちます。花束にしてプレゼントしたり、何本も作って大きなガラスの花瓶に生けたりするのも素敵です。

カラー

● 仕上がりサイズ
花びら：約15cm
全長約30cm

● 紙のサイズ&枚数
花：15cm×15cm……1枚

● 材料&道具
クラフトワイヤー：
　（茎）直径4mm×30cm程度……1本
ティッシュペーパー：
　2～3cm幅に切ったもの……約1m分
油性ペン（黄・太め）、円筒形のもの（マーカーなど）、フローラテープ、木工用接着剤

> **アドバイス**
> 一番太いクラフトワイヤーでも茎の太さとしては足りないので、ティッシュペーパーを巻いて太くしてからフローラテープで巻いて、より本物の茎らしく見せましょう。

＊カラー

カラーの花びらの作り方

1 マーカーなど円筒形のもので、折り紙の面を巻いてカーブを作る。

2 広げてみて、カーブの具合を調整する。

カラーの花芯の作り方

1 ティッシュペーパーを細長くちぎる。

2 クラフトワイヤーの先端から5cmの部分にちぎったティッシュペーパーを巻きつけ、接着剤でとめる。

3 クラフトワイヤーにフローラテープを巻き、ティッシュペーパーの部分に黄色の油性ペンで色をつける。

組み合わせ方

花びらの内側の一辺に接着剤を塗り、花芯をおくるみのように巻いてとめる。仕上げに、はさみで余分な紙を切り取って丸みを出す。

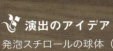

演出のアイデア

発泡スチロールの球体（スポックボール）には、半球タイプもあります。半球に飾ってから2つを合わせて飾るアレンジもできます。手提げ籠にのせれば、お部屋の窓辺や棚の上など、置き場所をすぐに変えられます。

あじさい

梅雨の時期に咲くあじさい。紫、ピンク、水色、白などのグラデーションのある和紙を選んで折ると、本物に近い作品になります。あじさいは、折っている人もプレゼントされる人も、心が晴れてなぐさめられるでしょう。

あじさい

- ●仕上がりサイズ
花：直径約15cm

- ●紙のサイズ&枚数
花（両面同色の和紙）：6cm×6cm
……26枚程度（小花）
葉：……1〜3枚

- ●材料&道具
発泡スチロール（半球・直径15cm）、
カラーピン……26本程度、
木工用接着剤

アドバイス
発泡スチロールの球体（スポックボール）にあじさいのパーツをカラーピンでさすときは、ピンが抜けると危険なので、接着剤で1つずつ補強しましょう。

あじさいの作り方

※正方基本形（→P17）の白い紙のほうが表に出る向きで折ってから始めます。

＊あじさい

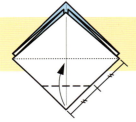

1 閉じているほうを下に向け、図の位置で折り上げる。

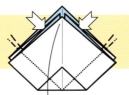

2 手前の1枚を開きながら、左右も次図になるように同時に開くと、全体が開く。左右が立ち上がってくるので、山折りをつぶして平らにする。

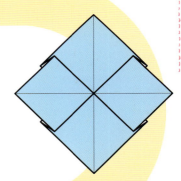

3 きれいな4枚の花びらになったところ。

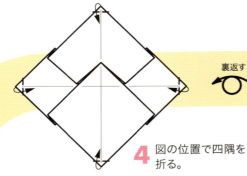

裏返す

4 図の位置で四隅を折る。

＊折り方のコツ

間を開いて折りたたんでいるところ。

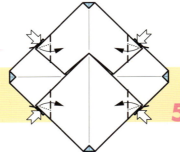

5 折り重なった角をつまんで起こしながら、間を開いて折りたたむ（つまみ開き折り）。

次のページへ

59

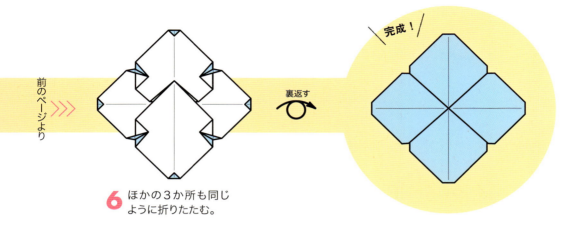

前のページより

6 ほかの3か所も同じように折りたたむ。

裏返す

完成！

あじさいのつけ方

1 半球の発泡スチロールに、あじさいの小花をカラーピンでとめていく。

2 カラーピンの根元に接着剤をつける。

3 スチロールが隠れるくらいとめれば、あじさいの花の完成。

あじさいの葉の作り方

※作り方は「伝承の葉」（→P50）を幅広で作ります。

60

演出のアイデア

ピンク色の花に白の小物を組み合わせると、とても映えます。ドアプレートやウエルカムボードのアクセントにぴったり。市販の造花の花だけを折り紙の花につけ替えると、コスモスの茎仕立てとしても楽しめます。

コスモス

私のコスモスには種類がいくつかありますが、この作品は「コスモスNo.1」※です。この折り方が基本になって、色を変えたり、大きさを変えたり、花芯を変えたり、のりづけの幅を変えると、いろいろな花に変化します。これを「七変花（化）」としました。折り方が簡単な作品なので、デイサービスなどでも喜ばれています。

※「コスモス」の創作1作品目。

コスモス

● 仕上がりサイズ
コスモス：約6cm×6cm
葉：約12〜15cm

● 紙のサイズ&枚数
花：3.75cm×3.75cm（15cm角を¼に切ったもの）……1枚につき1個分
花芯：4cm×8cm……1枚（メッシュ折り紙）

● 材料&道具
ワイヤー：（葉・茎）……1本分で80cm程度
フローラテープ、木工用接着剤、
はさみ（またはペンチ）、のり、定規、
ピンセット

> **アドバイス**
> 花を輪にする際、のりづけする幅は、最初は少なめにして。輪にしたあと、のりが落ち着いてからコスモスらしくなるように形を整えながらさらにのりづけすると、仕上がりがよくなります。

コスモスの花の作り方

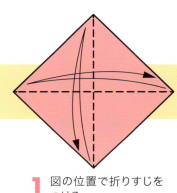

1 図の位置で折りすじをつける。

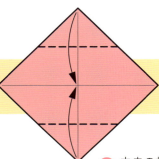

2 中央の折りすじに合わせて、図の位置で折る。

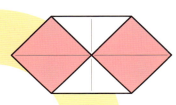

3 折ったところ。

裏返す

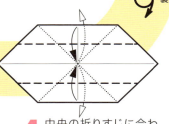

4 中央の折りすじに合わせて、図の位置で裏の三角を跳ねて折る。

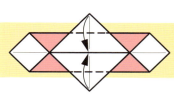

5 裏の三角の部分を表に出し、図の位置で折る。

6 中央で山折りにする。

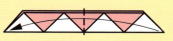

7 半分に折って左右の端を合わせる。

 ×4

8 同じものを4つ作る。

次のページへ >>>

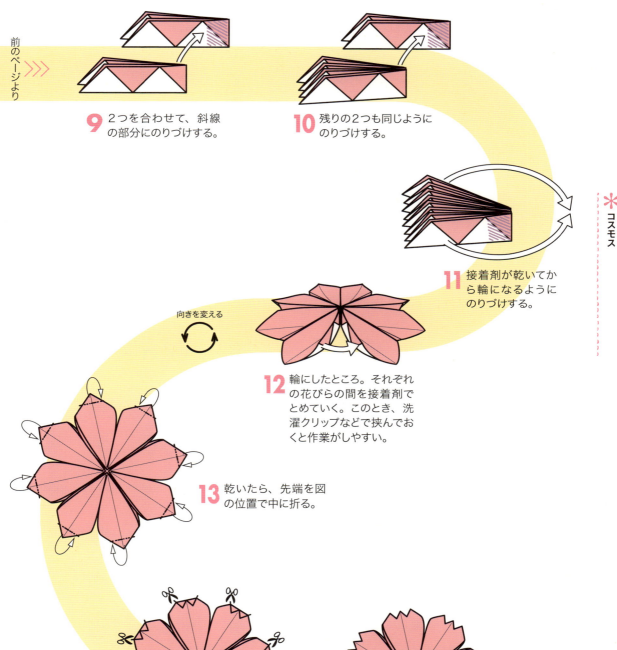

9 2つを合わせて、斜線の部分にのりづけする。

10 残りの2つも同じようにのりづけする。

※ コスモス

11 接着剤が乾いてから輪になるようにのりづけする。

向きを変える

12 輪にしたところ。それぞれの花びらの間を接着剤でとめていく。このとき、洗濯クリップなどで挟んでおくと作業がしやすい。

13 乾いたら、先端を図の位置で中に折る。

14 先端をはさみで切る。

15 先端を切ったところ。

次のページへ

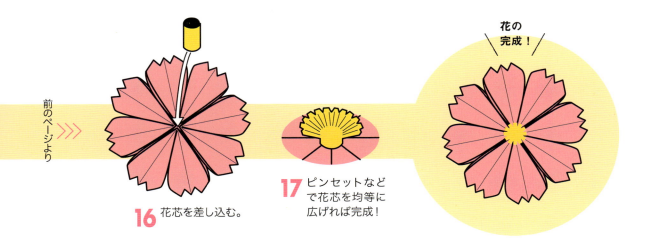

コスモスの花芯の作り方

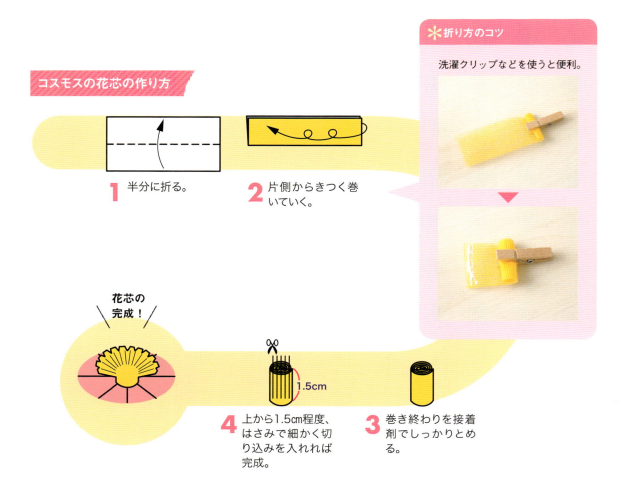

コスモスの葉と茎の作り方　（葉の設計：大塚和子）

ワイヤーを切って、下図の長さと本数分を用意し、フローラテープを巻きつける。茎を中心に、右図の位置で葉をフローラテープでとめていく。

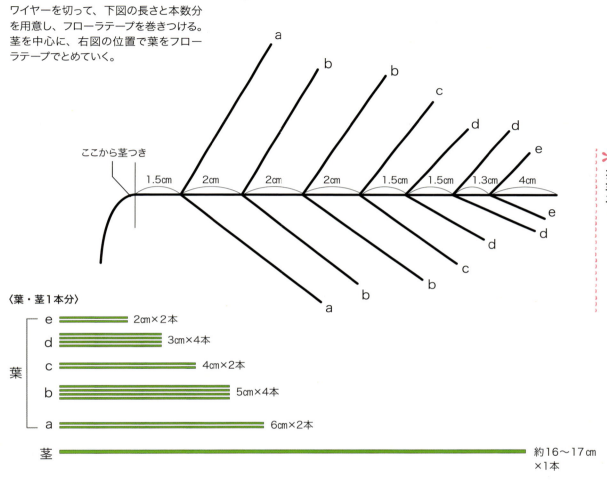

〈葉・茎1本分〉

葉
- e　2cm×2本
- d　3cm×4本
- c　4cm×2本
- b　5cm×4本
- a　6cm×2本

茎　約16〜17cm×1本

〈葉・茎の仕上がりイメージ〉

組み合わせ方

コスモスの花の裏面に、接着剤で葉・茎をつける。

蓮の花
（伝承）

蓮の花は、泥水の中でも気高く清らかな花を咲かせます。泥水が濃ければ濃いほど、大きくてきれいな花を咲かせることから、泥水を苦境や困難と置き換えて「清らかな心」という花言葉があるとか。インドでは、極楽浄土は蓮の形をしているとされています。

演出のアイデア
30cm角の折り紙で折ると、100円ショップなどで売っているLEDランプがちょうど入り、灯りの素敵な演出ができます。

蓮の花

- 仕上がりサイズ
  直径8cm
- 紙のサイズ&枚数
  30cm×30cm……1枚につき1個分
- 材料&道具
  ろうそく型LEDライト……1個

> **アドバイス**
> 破れやすいので、丈夫な和紙やメッシュ折り紙で折るとよいでしょう。洋紙で折るときは、裏側から紙を引き上げる工程**7**からは力の加減に注意しましょう。

* 蓮の花（伝承）

蓮の花の作り方

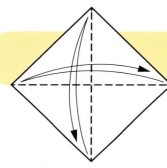

1 図の位置で折りすじをつける。

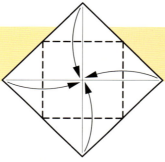

2 中心に向かって、四隅を折る（ざぶとん折り1回目）。

 向きを変える

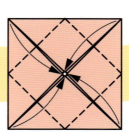

3 さらに四隅を折る（ざぶとん折り2回目）。

拡大

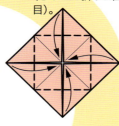

4 さらに四隅を折る（ざぶとん折り3回目）。

裏返す

5 さらに四隅を折る（ざぶとん折り4回目）。

拡大

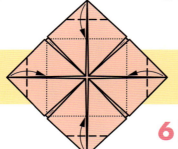

6 図のように、先端を少し折る。

次のページへ

67

前のページより >>>

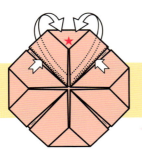

7 ★を押さえながら裏の角を手前にめくって立てる。

✱ 折り方のコツ

角を引き上げたところ。力を入れ過ぎると破けるので注意。

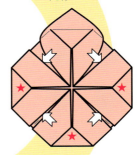

8 残りの3か所も同様にする。

向きを変える

10 9を引き上げたところ。

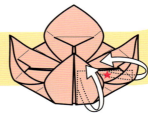

9 ★を押さえながら裏側の角を手前に引き上げる。

11 残りの3か所も同様にして、さらに外側の花びらの裏の角を順番にめくっていき、手前に引き上げる。

＼完成！／

68

ぼたん

我が家のぼたんが咲き終わって、さびしいときに創作しました。本物と同じ大きさで作って葉の上にのせると、圧倒的な存在感で花がよみがえったようになり、二度咲きを楽しめました。でも、この楽しみは穏やかな日に限りますね。「立てば芍薬 座れば牡丹 歩く姿は百合の花」は、美人の姿や振る舞いを形容する言葉です。

演出のアイデア

茎仕立てにするときは、クラフトワイヤーの太いタイプのものを使い、葉の大きさ、つき方も実物を観察して作るとよいでしょう。花器に飾るときは、花器に合わせて花の大きさを決めましょう。

ぼたん

- 仕上がりサイズ
  約20cm×20cm

- 紙のサイズ＆枚数
  （本物に近い大きさで作る場合の1個分・両面同色の和紙）
  花：（大）64cm×64cm……1枚
  　　（中）48cm×48cm……1枚
  　　（小）33cm×33cm……1枚
  花芯：7.5cm×7.5cm……1枚
  葉：7.5cm×7.5cm……2枚

- 材料＆道具
  木工用接着剤、はさみ、ピンセット

アドバイス
折り込まれている紙に切り込みを入れると、花びらを多く見せることができます。切り方によって自分の作品らしさが出せます。伝承の「蓮の花」（→P66）をマスターしてから挑戦しましょう。

ぼたんの花の作り方

※工程3～6の折り方は阿部恒氏の技法によるものです。

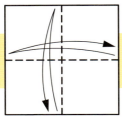

1 半分に折って折りすじをつける。

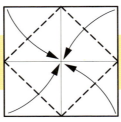

2 中心に向かって四隅を折る。

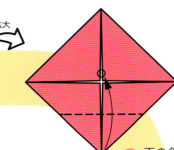

拡大

3 下の角を中心より少し上の位置に向かって折る。

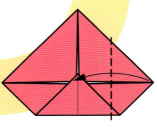

4 同様に、右側を図の位置で折る。

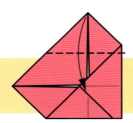

5 同様に、上側を図の位置で折る。

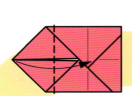

6 同様に、左側を図の位置で折る。

7 中心に向かって四隅をしっかり折る。

拡大

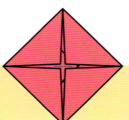

8 折ったところ。

裏返す

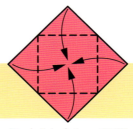

9 中心に向かって四隅をしっかり折る。

次のページへ

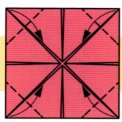

10 中心に向かってさらに四隅をしっかり折る。

11 ★印を押さえながら裏の三角をめくり、手前にくるっとひっくり返す。

✱ 折り方のコツ
親指で押さえながら、裏側から引き上げるように返す。

✱ ぽたん

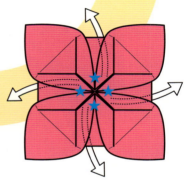

✱ 折り方のコツ
花びらの輪になっているところを深く切る。1回切ると下からまた輪の部分が出てくるので、同様に切っていく。これをくり返す。

13 (大)(中)(小) それぞれ折ったら、はさみで内側の花びらの先端を切っていく。

12 さらに、★印を押さえながら裏の三角をめくり、手前にくるっとひっくり返す。

14 すべて切ったら、(小)を(中)の中に、(中)を(大)の中に入れる。

15 花芯を差し込み、ピンセットで先端を広げる。

ぽたんの葉の作り方　（創作：窪田八重子）

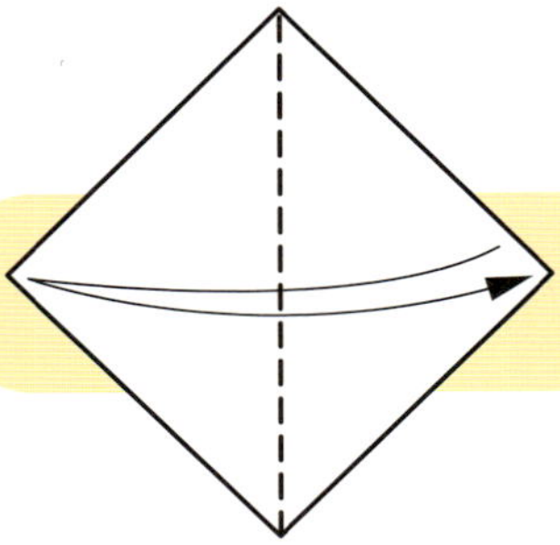

1 半分に折って折りすじをつける。

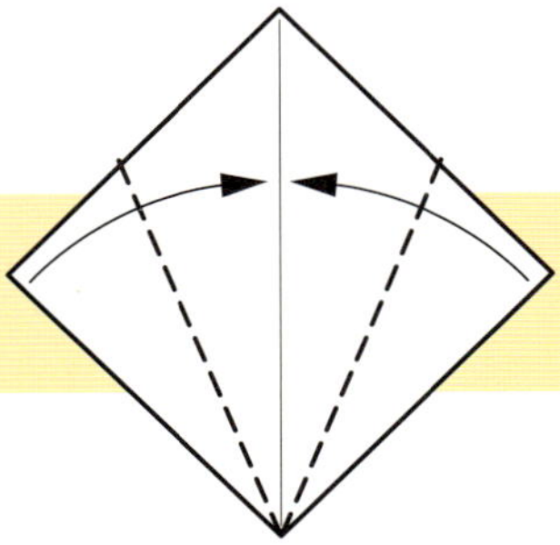

2 中心に向かって折り合わせる。

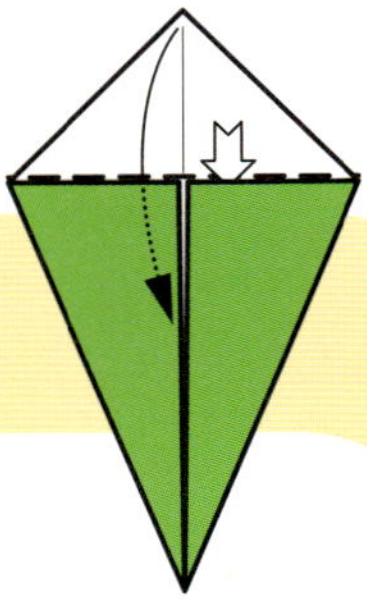

3 図の位置で中に折り込む。

4 左右の角を折って折りすじをつける。

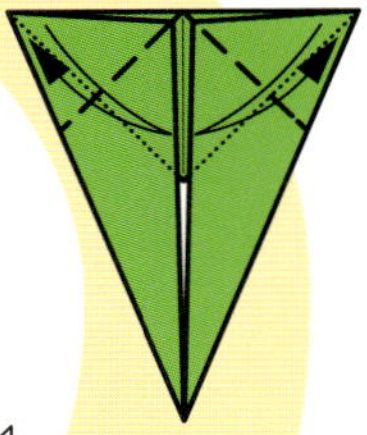

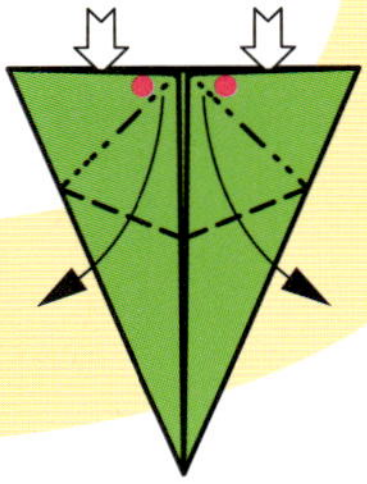

5 ●印の角を引っ張りながら下へ折る。

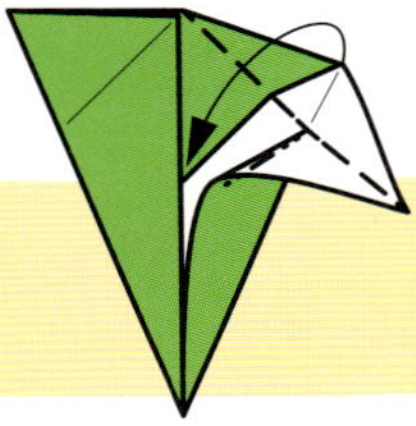

6 右側を谷折りする。左側も同様に折り下げる。

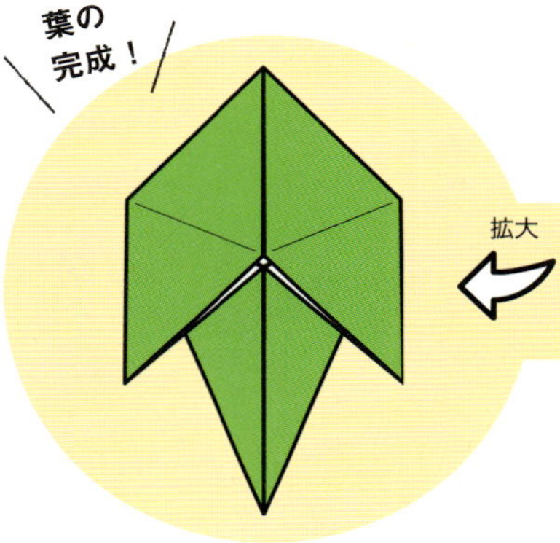

拡大

葉の完成！

花の完成！

前のページより

ぽたんの花芯の作り方

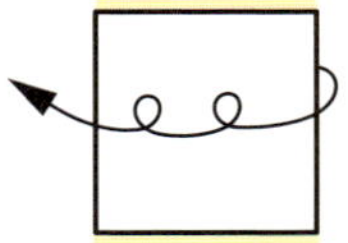

1 紙をきつく巻いていく。

2 端を接着剤でしっかりとめる。

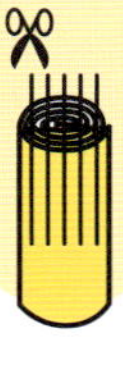

3 はさみで先端に切り込みを入れる。

ききょう

秋の花として人気の高いききょう。つぼみから最初の花びらが咲くときがとても神秘的です。五角形の閉じたつぼみから、最初の1枚が剥がれるのに時間がかかりますが、1枚剥がれると、あとは1枚目ほど時間がかかりません。そんな不思議な力に魅力を感じて創作しました。古くからある小さめの竹籠にききょうを飾りたいと思い、紙の大きさを決めています。

演出のアイデア
作品に合う花器選びも楽しみのひとつです。一輪よりも、写真のように3〜4本を組み合わせて飾ると、バランスよく引き立ちます。花言葉「永遠の愛」を添えてプレゼントしてみてはいかがでしょうか。

ききょう

● 仕上がりサイズ
花：直径4cm程度
全長：20cm程度

● 紙のサイズ&枚数
花：15cm×15cm……1枚
　　18cm×18cm……1枚
がく：7.5cm×7.5cm……3枚（緑）
花芯：4cm×1.5cm……3枚（白）
葉：5cm×5cm……4枚（緑）

● 材料&道具
ワイヤー：(茎) 20cm……1本
フローラテープ、のり、はさみ、ピンセット

アドバイス

裏面が白い折り紙できぎょうの花を折るときには、表面の色と近い色鉛筆などで白い面の中心を丸く塗りつぶしてから折りましょう。仕上がりに違いが出ます。

ききょうの花の作り方

※正五角形（→P19）を作ってから始めます。
※完成後に先端を接着剤でとめると、つぼみになります。

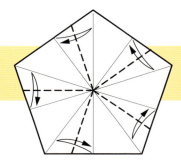

1 図の位置で折りすじをつける。

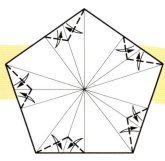

2 図の位置で折りすじをつける。

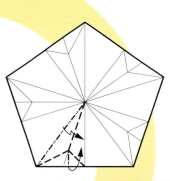

3 1、2でつけた折りすじに沿って、段折りと中割り折りをしてたたむ。

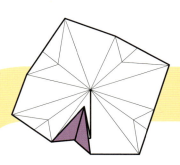

5 残りの4か所も同様に折っていく。

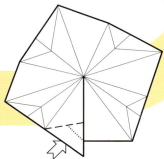

4 図の位置で内側に折る。

次のページへ

前のページより >>>

向きを変える
拡大

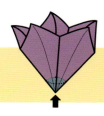

6 5をすべて折って真上から見たところ。

7 底を図の位置まで押し上げる。

花の完成！

＊ききょう

ききょうのガクの作り方
※正五角形（→P19）を作ってから始めます。

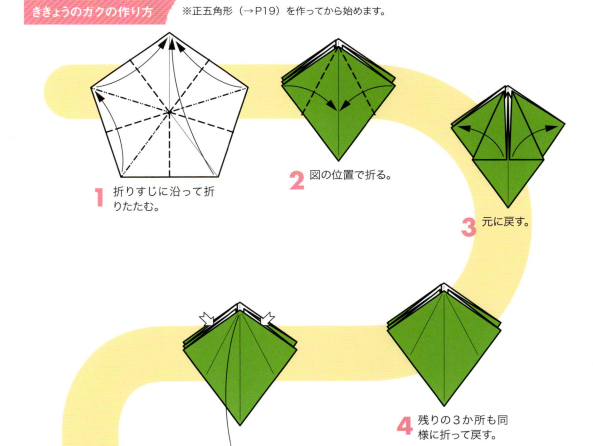

1 折りすじに沿って折りたたむ。

2 図の位置で折る。

3 元に戻す。

4 残りの3か所も同様に折って戻す。

5 全体を開く。

次のページへ ∨∨

75

前のページより >>>

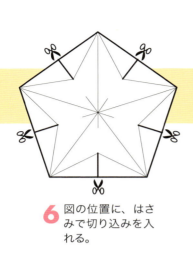

6 図の位置に、はさみで切り込みを入れる。

7 切り込みの両端を折る。

拡大

8 順に折りたたむ。

9 図の位置で折る。

10 残りも同様に順に折る。

11 折った部分の内側にのりをつけてとめ、先端を開く。

ガクの完成！

12 形を整える。

76

ききょうの花芯と茎の作り方

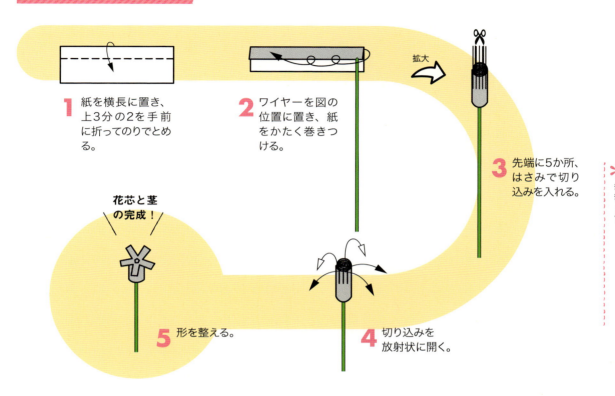

ききょうの葉の作り方　※作り方は「伝承の葉」（→P50）と同じです。

組み合わせ方　※葉のつけ方は「フリージア」（→P26）にあります。

〈葉をつける位置〉

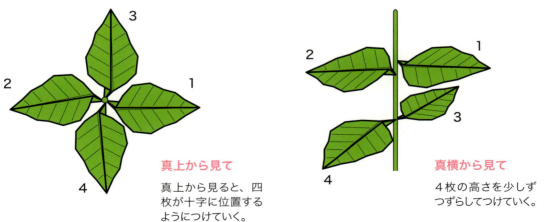

真上から見て
真上から見ると、四枚が十字に位置するようにつけていく。

真横から見て
4枚の高さを少しずつずらしてつけていく。

ひまわり

私の「ひまわりNo.3」※はガーベラと同じ折り方ですが、八角形を作ってから折っています。この紙から16弁の花にして、中心の折り方を変えると「菊」にもなり、アレンジを楽しめる作品です。帯飾り、髪飾りとして人気があります。

演出のアイデア

他の折り紙の花と組み合わせたり、ビーズなど市販の飾りと組み合わせたり、さまざまな組み合わせが楽しめます。

※「ひまわり」の創作3作品目。

ひまわり

- 仕上がりサイズ
  約6cm×6cm
- 紙のサイズ&枚数
  15cm×15cm……（黄）1枚
  工程9（P29工程10）の深さで決まる
  ……（茶）1枚
- 材料&道具
  はさみ、のり、グルーガン、留め具

アドバイス

中心に茶色の紙を貼ったあとは、ゆっくりと丁寧に、少しずつ花びらの形を整えてましょう。花の中心（茶色）の大きさは、工程「6」図の下部分の折り方により変化します。深く折ると面積が大きくなり、浅く折ると小さくなります。

ひまわりの花の作り方
※正方基本形（→P17）を折ってから始めます。

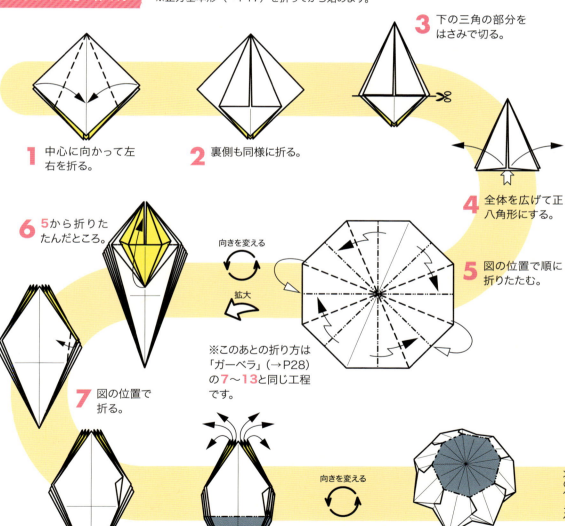

1. 中心に向かって左右を折る。
2. 裏側も同様に折る。
3. 下の三角の部分をはさみで切る。
4. 全体を広げて正八角形にする。
5. 図の位置で順に折りたたむ。
6. 5から折りたたんだところ。
7. 図の位置で折る。
8. 残りも同様に折る。
9. 底を指で押し上げ、底を作る。
10. 9を折ったところ。底面と同じ位のサイズで茶色の紙を用意する。

※このあとの折り方は「ガーベラ」（→P28）の7〜13と同じ工程です。

*ひまわり

次のページへ >>>

前のページより >>>

裏返す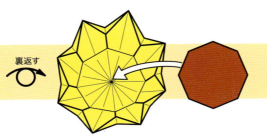

10 表面の中心に、茶色の紙をのりで貼る。

裏返す

11 裏面の角を指で引き寄せながら立体にしていく。

14 表面もつまむように引き寄せる。

裏返す

13 12を折ったところ。

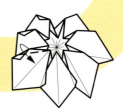

12 角をとめ折りにする。

✳ 折り方のコツ

とめ折りにしたところ。 ◀ 裏面の角を1つずつ、つまむように折っていく。

15 残りも同様に引き寄せる。

花の完成！

16 花びらに丸みをつける。

取りつけ方

ひまわりの裏面にグルーガンで留め具をとめる。

80

マーガレット・バスケット D ※

白い花びらと黄色の花芯が可憐なマーガレット。花言葉は「真実の愛」です。色は白、ピンク、黄色、赤、青、オレンジ、紫などさまざま。咲き方も多様で、リーフ咲き（一重咲き）やオペラ咲き（八重咲き）、立体的なウルル咲き（アネモネ咲き）があります。

演出のアイデア

ギフトボックスのふたにアクセントとして添えたり、お気に入りのバスケットに入れたりして贈り物に。白いお花には鮮やかなティファニーブルーがとてもよく似合います。

※「バスケット」の創作4作品目。 81

マーガレット

● 仕上がりサイズ
直径6〜7cm

和紙

メッシュ

● 紙のサイズ&枚数
花：（和紙）4cm×4cm……8〜12枚
　　（メッシュ）5cm×5cm……8〜12枚
花芯：（和紙の花びらの場合）
　　　4cm×4cm……4枚
　　　（メッシュの花びらの場合）
　　　5cm×5cm……4枚

● 材料&道具
木工用接着剤、のり

> **アドバイス**
> 「コスモス」の折り方と途中まで同じですが、紙の枚数を多くし、折りを途中から少し変えます。また、輪にしたとき、真ん中が高くなる部分は花芯の「あんこ」として利用するのでつぶさないように。クルミボタンを作るような感覚で。

マーガレットの花の作り方

※作り方は途中まで「コスモス」（→P62〜63）の **1〜13** と同じです。

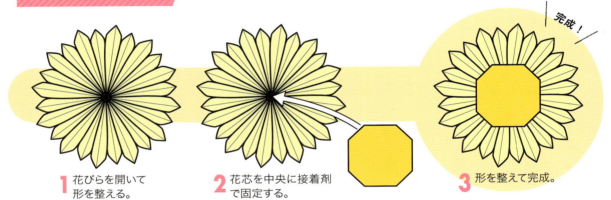

1 花びらを開いて形を整える。
2 花芯を中央に接着剤で固定する。
3 形を整えて完成。

マーガレットの花芯の作り方

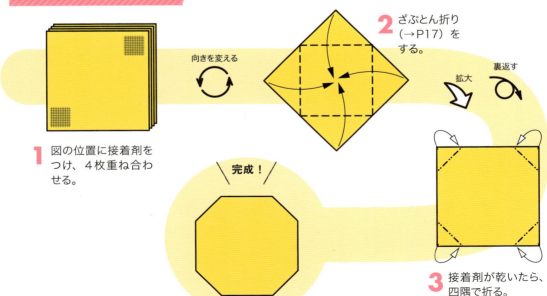

1 図の位置に接着剤をつけ、4枚重ね合わせる。
2 ざぶとん折り（→P17）をする。
3 接着剤が乾いたら、四隅で折る。
完成！

バスケット D

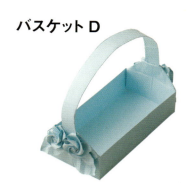

- **仕上がりサイズ**
  長さ15.5cm×奥行き7.5cm×深さ3.6cm

- **紙のサイズ&枚数（写真の場合）**
  （例：A3サイズの用紙1枚を切り分ける）
  バスケット（本体）：29.5cm×29.5cm
  ……1枚
  （持ち手）：29.5cm×6cm……1枚
  （ツイストローズ）：6cm×6cm……4枚

- **材料&道具**
  はさみ、木工用接着剤、クリップ

アドバイス

作品は、A3サイズの画用紙を使用していますが、包装紙などを使って練習してから本番の紙で作るのがおすすめです。

＊マーガレット・バスケット D

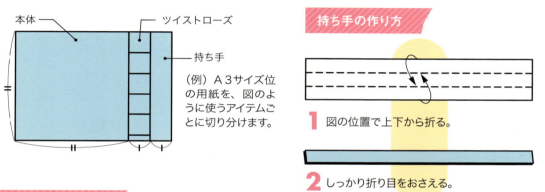

持ち手の作り方

1 図の位置で上下から折る。

2 しっかり折り目をおさえる。

（例）A3サイズ位の用紙を、図のように使うアイテムごとに切り分けます。

バスケット本体の作り方

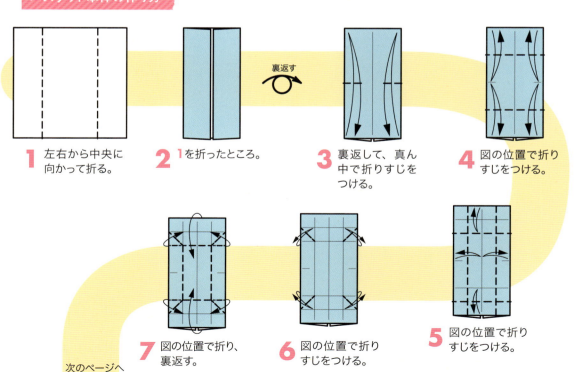

1 左右から中央に向かって折る。

2 1を折ったところ。

裏返す

3 裏返して、真ん中で折りすじをつける。

4 図の位置で折りすじをつける。

5 図の位置で折りすじをつける。

6 図の位置で折りすじをつける。

7 図の位置で折り、裏返す。

次のページへ

前のページより

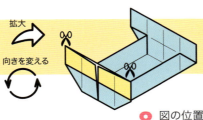
拡大
向きを変える

8 図の位置（黄色の部分）をはさみで切り取る。

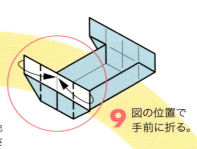

9 図の位置で手前に折る。

拡大　向きを変える

10 折りすじを入れて戻す。

✱折り方のコツ

めくるように開く。　　11を折りたたんだところ。

11 開いて折りたたむ。

拡大

12 持ち手の幅に合わせて、折りすじをつける。

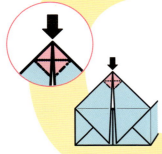

13 折りすじを手前に折る。

✱折り方のコツ

クリップでとめておくと作業しやすい。

14 左右を少し開く。

次のページへ

前のページより

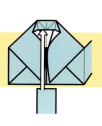
15 持ち手を開いた部分に差し込む。

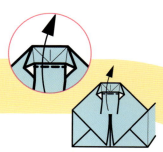
16 持ち手を上に上げる。

✱ 折り方のコツ
一方の指でおさえながら上げる。

✱ 折り方のコツ
折りたたんだところ。

✱ マーガレット・バスケットD

✱ 折り方のコツ
三角を内側に入れる。

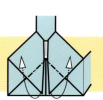
18 手前に飛び出している部分を中におさめる。

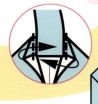
17 持ち手を包み込むように折りたたむ。

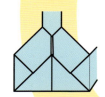
19 反対側も同様にする。

向きを変える
縮小

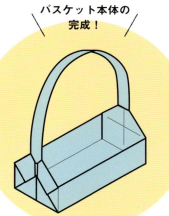
バスケット本体の完成！

20 最後に「ツイストローズ」の花と葉（→P47〜50）を作って、接着剤でとめる。

85

クレマチス

クレマチスの花色は、紫、赤紫、青紫、紅紫、白、ピンク、赤など多彩です。花の真ん中にはおしべがたくさんあります。葉は、細長いハートのような形で、茎は長く周囲のものに巻きついていきます。

演出のアイデア

ツルの額を水戸の植物園のショップで見つけた瞬間、「クレマチスを飾るのにぴったり！」と、ひらめきました。茎がからむ風情が出せる作品です。

クレマチス

●仕上がりサイズ
クレマチス：約6cm×6cm　葉：約5cm

和紙

メッシュ

●紙のサイズ&枚数
花（和紙、メッシュともに）
15cm×15cm……各1枚
花芯：（メッシュ折り紙）
4cm×8cm……1枚
葉：3.75cm×3.75cm……1枚

●材料&道具
吊るしひも、額、木工用接着剤、はさみ

アドバイス

「コスモス」（→P62）と同じ要領で進めますが、コスモスほど花びら同士はピッタリつけないのがクレマチスの花びらの特徴です。

クレマチスの花の作り方
※作り方は途中まで「コスモス」（→P62〜63）の1〜13と同じ工程です。

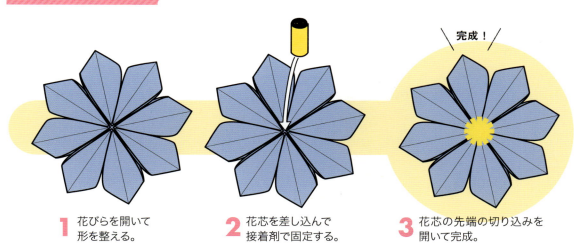

1　花びらを開いて形を整える。
2　花芯を差し込んで接着剤で固定する。
3　花芯の先端の切り込みを開いて完成。

クレマチスの花芯の作り方
※作り方は「コスモスの花芯」（→P64）と同じですが、長めにします。

クレマチスの葉の作り方
※作り方は途中まで「伝承の葉」（→P50）と同じです。

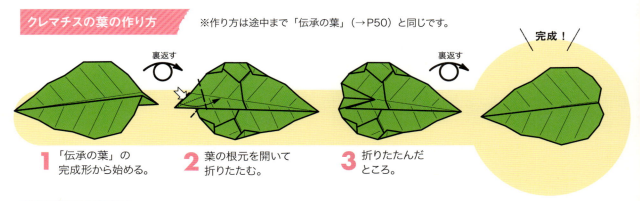

1　「伝承の葉」の完成形から始める。
2　葉の根元を開いて折りたたむ。
3　折りたたんだところ。

額への取りつけ方

額をテーブルなどに平置きし、花と葉のつける位置のバランスを見て決めます。
決まったら、花と葉の裏面に接着剤をつけて、1つずつつけていきます。

演出のアイデア
壁掛けタイプの木製や、竹製の一輪ざしに飾るのも趣があります。大きな壺に秋の花をダイナミックに生けるのも迫力が出て素敵です。

りんどう

りんどうは、花が大きく開くササリンドウと、ほぼ開かないエゾリンドウがあります。花は下から咲いていきます（岩手県八幡平市花き研究開発センター 日影所長談）。色は青、青紫、赤紫、白、ピンクなどがあり、花と葉の大きさや形、つき方、茎の長さは品種によって異なります。この作品はひとつの目安なので、よく観察して作ってみましょう。

りんどう

- **仕上がりサイズ**
  全長約30cm

- **紙のサイズ&枚数**
  花：8.5cm×8.5cm……14枚
  ガク：7.5cm×7.5cm……14枚（緑）
  葉：1.5cm×12cm……2枚（緑）
  　　2cm×14cm……2枚（緑）
  　　2.5cm×18cm……2枚（緑）
  　　2.8cm×22cm……2枚（緑）
  　　2.8cm×26cm……2枚（緑）

- **材料&道具**
  ワイヤー30cm……1本
  フローラテープ、ティッシュペーパー、
  木工用接着剤、はさみ、ピンセット

アドバイス

制作には時間がかかります。少しずつ、時間を作り、折りためて、花数をストックしましょう。花が咲くタイプか咲かないタイプかを決めましょう。咲くタイプなら下から咲かせてください。

りんどうの花の作り方

※正五角形（→P19）を作ってから始めます。

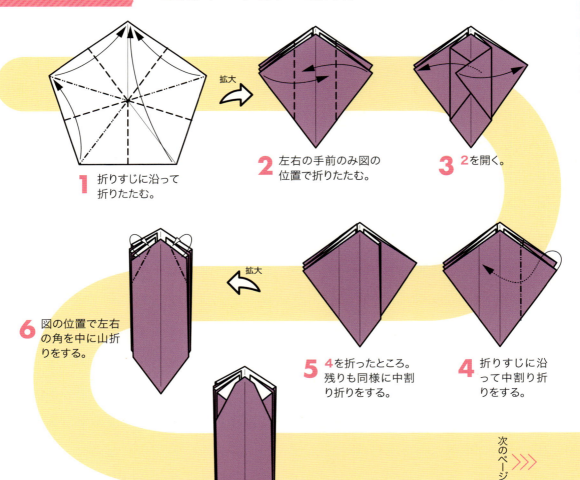

1 折りすじに沿って折りたたむ。

2 左右の手前のみ図の位置で折りたたむ。

3 2を開く。

4 折りすじに沿って中割り折りをする。

5 4を折ったところ。残りも同様に中割り折りをする。

6 図の位置で左右の角を中に山折りをする。

7 6を折ったところ。残りも同様に山折りをする。

次のページへ >>>

* りんどう

89

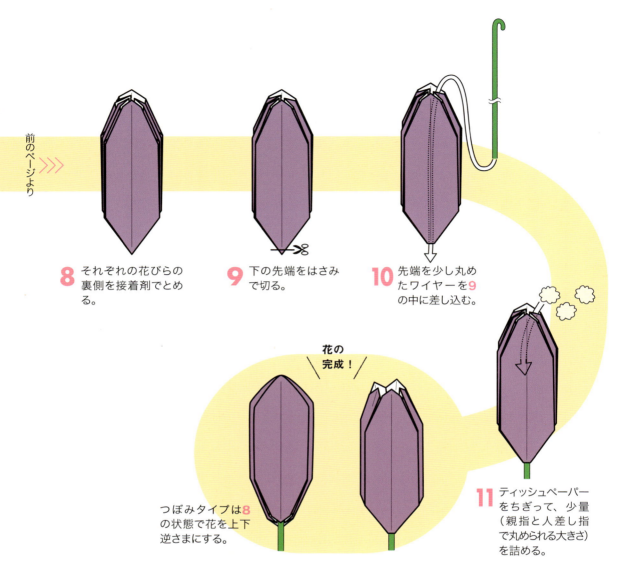

8 それぞれの花びらの裏側を接着剤でとめる。

9 下の先端をはさみで切る。

10 先端を少し丸めたワイヤーを9の中に差し込む。

11 ティッシュペーパーをちぎって、少量（親指と人差し指で丸められる大きさ）を詰める。

花の完成！

つぼみタイプは8の状態で花を上下逆さまにする。

りんどうのがくの作り方

※正五角形（→P19）を作ってから始めます。

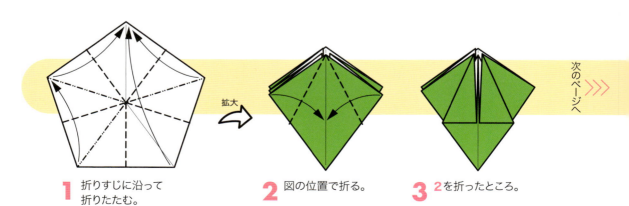

1 折りすじに沿って折りたたむ。

2 図の位置で折る。

3 2を折ったところ。

90

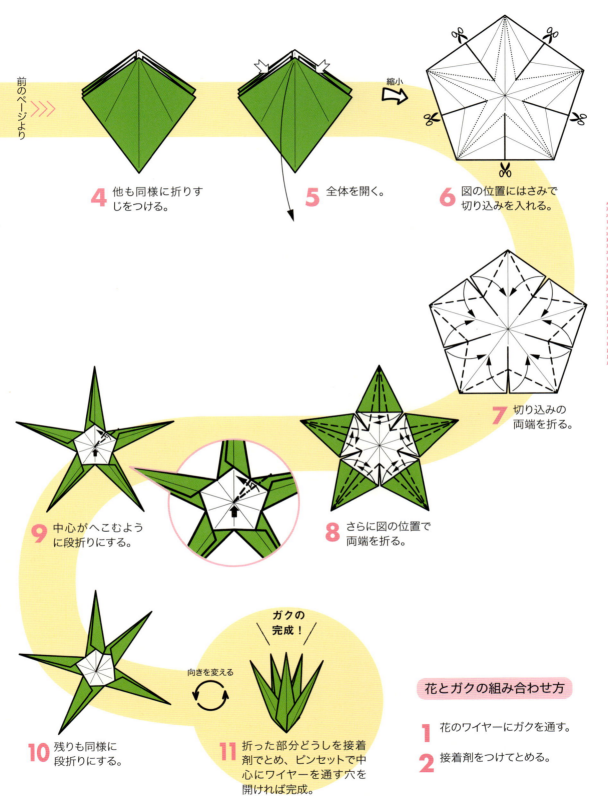

りんどうの葉の作り方

※4つ角を裏側に折って接着剤でとめる方法もあります。

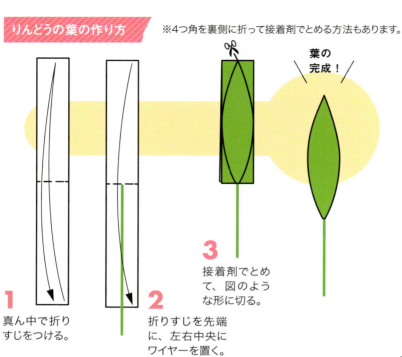

1 真ん中で折りすじをつける。

2 折りすじを先端に、左右中央にワイヤーを置く。

3 接着剤でとめて、図のような形に切る。

葉の完成！

葉のサイズ

※一番上の花にA、Bの葉を各2枚ずつ計4枚、下に向かって順にC、D、Eの葉を2枚ずつ花と組み合わせます。
※花の数、葉の形は品種により異なります。

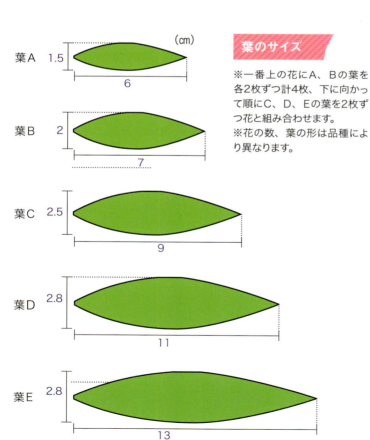

組み合わせ方

※花は上下に5輪ずつ、真ん中に2輪ずつと、計4つ作ります。それぞれの花に葉をフローラテープで巻いてつけます。

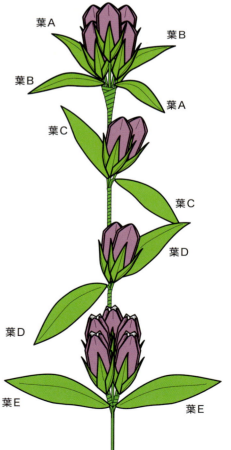

ポインセチア

コスモスやクレマチスなどと同じ折り方ですが、立体的に見えるように、真ん中で折る角度を変えています。近年、ピンクや白などもあり、雰囲気が変わりました。宮崎の群生地に30年ほど前に訪れましたが、大人の背より高いのにはびっくりしました。

🌱 **演出のアイデア**
リース飾りが多いですが、鉢物仕立てにして飾ると、より部屋が明るくなります。

ポインセチア

● 仕上がりサイズ
（リース）約25cm×25cm
（単品・小）約8cm×8cm

● 紙のサイズ&枚数
（単品・小）
花：3.5cm×3.5cm……6枚
花芯：ペップ……16本
葉：5cm×5cm……4枚
（リース）
花：6cm×6cm……6枚
花芯：ペップ……16本程度
葉：15cm×15cm……6枚

● 材料&道具
ペップ、木工用接着剤、のり、マーカー（赤）、グルーガン

アドバイス
段違いになるので、のりづけに気をつけましょう。真ん中にはペップの金色のギザギザタイプもおすすめです。

単品

リース

ポインセチアの花（単品）の作り方
※作り方は途中まで「コスモス」（→P62）の 1〜6 と同じです。

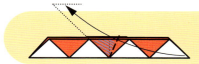

1 図の位置にのりをつけ、斜めに折る。

2 それぞれの角を折る。

3 同じものを6つ折る。

✻ 折り方のコツ

接着剤をつける位置。

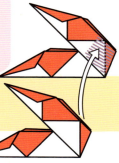

4 図の位置に接着剤をつけ、貼り合わせる。

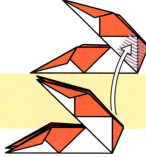

5 残りも同様に貼り合わせる。

次のページへ

94

前のページより

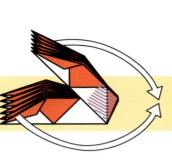

6 接着剤が乾いてから輪になるように広げてのりづけする。

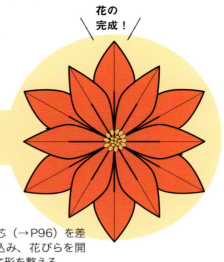

花の完成！

7 花芯（→P96）を差し込み、花びらを開いて形を整える。

＊ポインセチア

ポインセチアの葉（単品）の作り方

※作り方は途中まで「コスモス」（→P62）の **1〜6** と同じです。

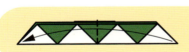

1 真ん中で折る。

2 それぞれの角を折る。

3 同じものを4つ作り、「ポインセチアの花」（単品）の **4〜6** までと同じ方法で進める。

葉の完成！ ⇨ 縮小

＊折り方のコツ

葉の裏面のようす。

ポインセチアの花芯の作り方

1 1つの花に対してペップを16本程度束ね、先端に黄色いマーカーで色をつける。

2 1を2つに折り曲げ、ペップの根元に接着剤をつける。

4 仕上げに赤のマーカーでペップの先端に色をつける。

3 花の中心につける。

単品の組み合わせ方

葉の表面にグルーガンで花をのせるように貼りつける。

葉のリースの作り方

※折り鶴基本形（→P18）を折ってから始めます。

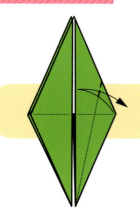

1 図の位置で折って印をつける。

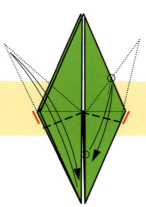

2 —の線の角度にピタリと合わせる。

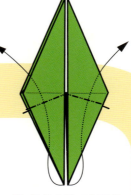

3 折りすじで中割り折りをする。

＊ポインセチア

＼完成！／

4 単体のできあがり。同じものを6つ作る。

組み合わせ方

1 ○と○が合わさるように差し込む。

＊折り方のコツ

後ろの鶴の首を開いて、前の鶴の尾をピタリと差し込む。その合わせたものを、前の鶴の背中のポケット（溝）に差し込む。

＊折り方のコツ

組み合わせたらクリップでおさえると作業しやすい。

2 残りも同様にくり返して組み合わせる。

次のページへ >>>

97

前のページより >>>

3 それぞれ組み合わせたら、尾の内側に接着剤をつけてとめる。

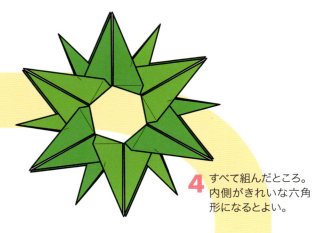

4 すべて組んだところ。内側がきれいな六角形になるとよい。

5 羽の部分を折り下げて完成。

葉のリースの完成！

組み合わせ方

葉のリースを下に置き、花が輪になるように接着剤でつけていく。

98

秘伝千羽鶴折形「鳴子」と
ツイストローズのコラボ

折り紙の歴史研究家・秘伝千羽鶴折形の研究家である岡村昌夫先生が、奥様が大好きなツイストローズを子鶴と入れ替えて制作してくださいました。日頃からコラボ作品をたくさん制作されていますが、今回は「鳴子」とのコラボです。高級な和紙で格調高く仕上げています。

演出のアイデア

床の間や玄関、和室の飾り棚、洋室にも、和の雰囲気を出して飾ると、一段と豪華な「おもてなし」の心があらわせます。お正月飾りにもぴったりです。

制作：岡村昌夫

秘伝千羽鶴折形「鳴子」とツイストローズのコラボ

- 仕上がりサイズ
  15cm程度
- 紙のサイズ&枚数
  15cm×30cm……1枚
- 材料&道具
  はさみ、ピンセット、
  つまようじ…4本、輪ゴム…1本

> **アドバイス**
>
> 最初は、明るい1色の、それほど高価ではない和紙で練習しましょう。仕上げは、薄くても張りがある手染め、手貼りの高級和紙を使って作品作りを。

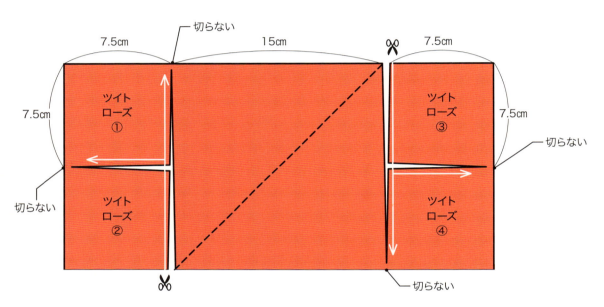

正方形を2つ並べた大きさの長方形を、折り鶴とツイストローズの配置に合わせてカットする。折り鶴の羽の先に、それぞれのツイストローズ（①と④）がつながることをイメージして、ツイストローズの②と③を重ねてそのまま折り、全部で3輪のツイストローズを作る。

折り鶴の作り方
※正方基本形（→P17）を折ってから始めます。

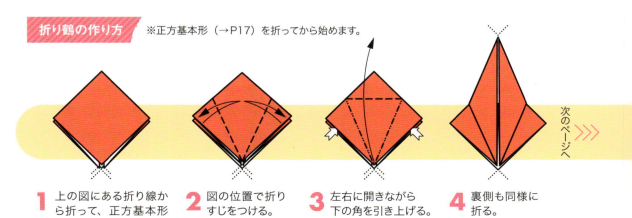

1. 上の図にある折り線から折って、正方基本形を折る。
2. 図の位置で折りすじをつける。
3. 左右に開きながら下の角を引き上げる。
4. 裏側も同様に折る。

次のページへ

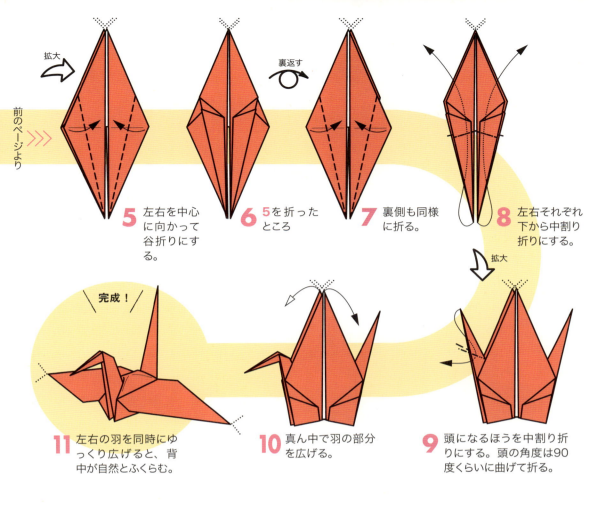

5 左右を中心に向かって谷折りにする。

6 5を折ったところ

7 裏側も同様に折る。

8 左右それぞれ下から中割り折りにする。

9 頭になるほうを中割り折りにする。頭の角度は90度くらいに曲げて折る。

10 真ん中で羽の部分を広げる。

11 左右の羽を同時にゆっくり広げると、背中が自然とふくらむ。

完成！

＊秘伝千羽鶴折形「鳴子」とツイストローズのコラボ

ツイストローズの作り方

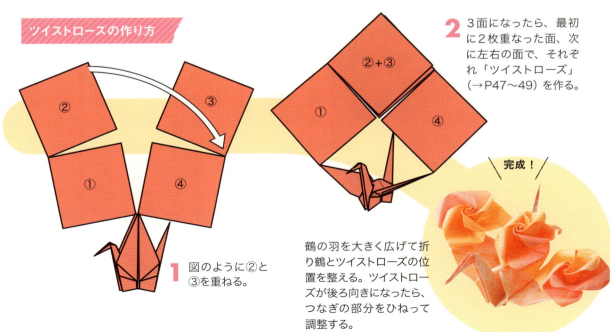

1 図のように②と③を重ねる。

2 3面になったら、最初に2枚重なった面、次に左右の面で、それぞれ「ツイストローズ」（→P47〜49）を作る。

鶴の羽を大きく広げて折り鶴とツイストローズの位置を整える。ツイストローズが後ろ向きになったら、つなぎの部分をひねって調整する。

完成！

101

桃の花

女の子の節句は、子供が成長しても、なんとなく ♪あかりをつけましょぼんぼりに〜と口ずさんでしまいます。もう、本格的なひな飾りはなかなかしなくなり、こんなに可愛いアイテムを見つけて購入しました。そして、桃の花の器を添えたくなりました。

演出のアイデア
パーティーでのお取り皿に。また、ピクニックにも、重ねて持って行けます。

桃の花

- 仕上がりサイズ
  直径約10cm
- 紙のサイズ&枚数
  15cm×15cm……1枚
- 材料&道具
  はさみ

アドバイス
側面で折る角度の決め方しだいで、浅いお皿にも深い器にもなります。一つの谷折りを決めたら、残りも同じように折ることに気をつけましょう。

桃の花の作り方
※正五角形（→P19）を作ってから始めます。

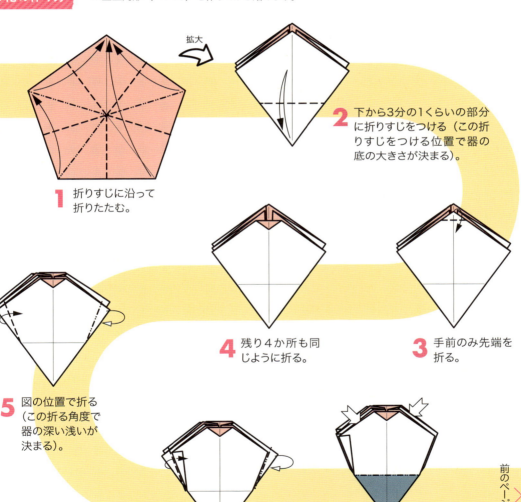

1 折りすじに沿って折りたたむ。

2 下から3分の1くらいの部分に折りすじをつける（この折りすじをつける位置で器の底の大きさが決まる）。

3 手前のみ先端を折る。

4 残り4か所も同じように折る。

5 図の位置で折る（この折る角度で器の深い浅いが決まる）。

6 残り4か所も同じように折る。

7 折りすじをつけた部分を平らに広げて底を作る。

桃の花

103

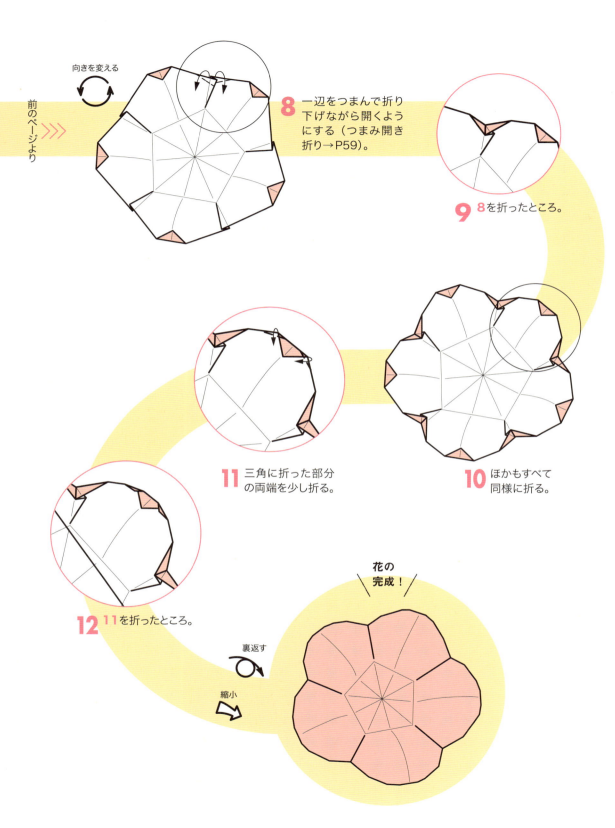

夢の花の器
（四弁、五弁、六弁）

最初は「四弁の花」の器から折って、コツをつかみます。マスターしたら、次は五弁の花、六弁の花と進めます。花弁を多くすると、花弁は当然小さくなります。一つの折り方で紙の形を変えてできあがる、その変化を楽しむ作品です。

🌱 演出のアイデア
周りの花びらも入れ物になるので、小さなお菓子を入れるとテーブルが華やかになります。

105

夢の花の器（四弁）

- 仕上がりサイズ
約15cm×15cm

- 紙のサイズ＆枚数
30cm×30cm……1枚につき1個分

- 材料＆道具
なし

アドバイス
和紙などのしっかりとした紙で折りましょう。四弁の器の花びらを広げるときは、破れやすいのでゆっくりと丁寧に。

四弁の花の器の作り方
※正方基本形（→P17）を裏面で折ってから始めます。

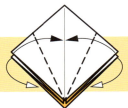

1 図の位置で折る。裏側も同様に折る。

2 三角を折って、折りすじをつける。

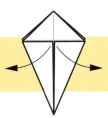

3 1で折った部分を元に戻す。

4 裏側も同様に戻す。

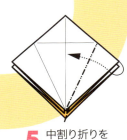

5 中割り折りをする。

6 残りも同様に、中割り折りをする。

拡大

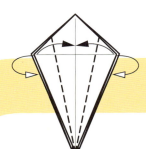

7 図の位置で折る。裏側も同様に折る。

8 図の位置で折る。

9 7、8で折った部分を元に戻す。

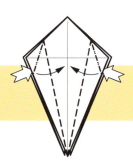

10 折りすじを開いてつぶす。

11 右半分を折ったところ。

次のページへ >>>

106

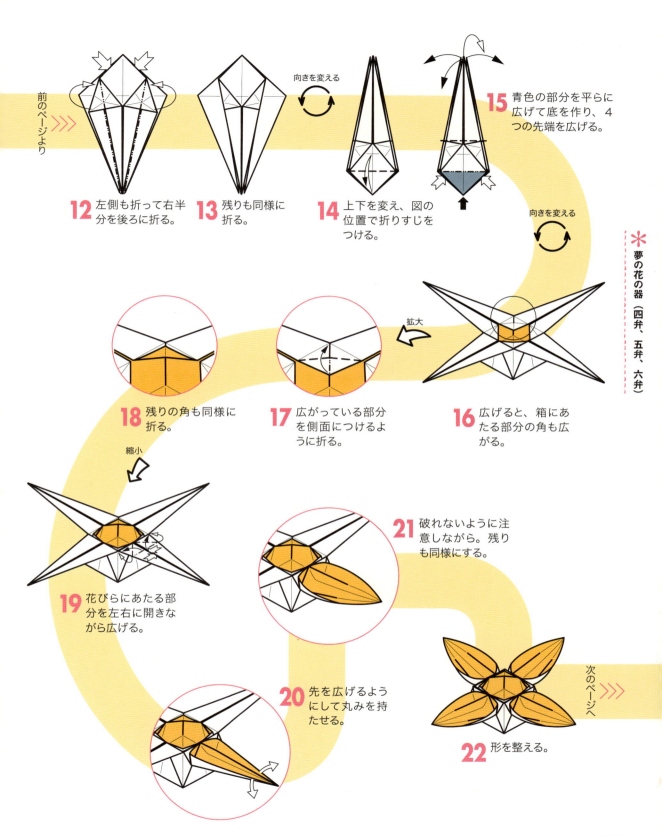

前のページより >>>

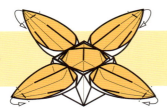

23 それぞれの先端を裏側に折る（折り方を変えると違うデザインになる）。

24 それぞれの先端の左右を裏側に折る。

\完成！/

25 形を整える。

四弁の夢の花

最後に花弁を反らせて花びらにするとフラワーボール（→113）の花になる。

五弁の花の器の作り方

1 正五角形（→P19）を作ってから始めます。

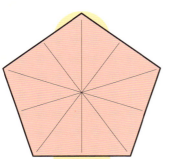

裏返す

2 途中の工程は「四弁の花の器」（→P106〜108）と同じです。

六弁の花の器の作り方

1 正六角形（→P19）を作ってから始めます。

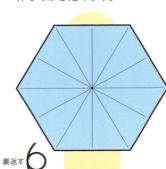

裏返す

2 途中の工程は「四弁の花の器」（→P106〜108）と同じです。

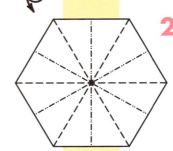

五弁の夢の花

最後に花弁を反らせると……花びらになる。

\完成！/

\完成！/

六弁の夢の花

最後に花弁を反らせると……花びらになる。

108

つまみフラワー

伝統的な「つまみ細工」をメッシュ折り紙で楽しみましょう。つまみフラワーだけで組み合わせても素敵ですが、ツイストローズなど他の花と組み合わせてもよく映えます。この3種のモデルは、写真の「多肉植物・エケベリア属」の形からヒントを得ています。

🌼 演出のアイデア

ブローチにするなら、軽いので、夏のブラウスにもなじみます。スポックボール（小）にパターンCを全面貼りつけるとポンポン菊（直径5cm）になり、本物そっくり！と驚かれます。

つまみフラワー

● 仕上がりサイズ
各約4cm×4cm

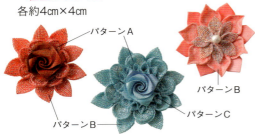

● 紙のサイズ&枚数
メッシュ折り紙（花1個分）
パターンA（丸型・花びら型）：
　3cm×3cm……16枚
パターンB（葉っぱ型）：
　7.5cm×7.5cm……12枚、
　6cm×6cm……25枚
パターンC（つぼみ型）：
　3cm×3cm……14枚

● 材料&道具
台紙（厚紙）、フェルト、パール、木工用接着剤、両面テープ、ピンセット、つまようじ、クリップ

アドバイス
工程写真は、引っ張る感じが見やすいように15cm角を使っていますが、写真のブローチは3cm角のメッシュで折っています。

つまみフラワーの作り方

● パターンA（丸型・花びら型）

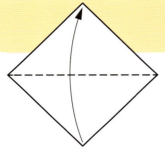

1 半分に折る。

2 真ん中あたりを持ち、左右を引っ張る。

3 両端がつくまでひだを寄せる。

4 両端を合わせて先端をくるくると巻く。

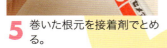

5 巻いた根元を接着剤でとめる。

パターンAの完成！
拡大

丸い部分の形を整える。
（好みで）引っ張って少々伸ばして小判型にする。

（好みで）指で押してへこませてザル型にする。

● パターンB（葉っぱ型）

1 半分に折る。

2 さらに半分に折る。

3 閉じているほうを持つ。

向きを変える

4 パターンAと同様に、左右を強く引っ張る。

5 両端を合わせて先端をくるくると巻く。

6 巻いた根元を接着剤でとめる。

拡大

パターンBの完成！

（好みで）丸い面を指で押してへこませてもよい。

＊つまみフラワー

台紙の作り方

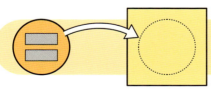
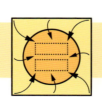
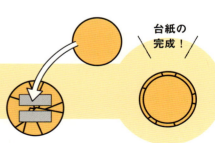

台紙の完成！

1 台紙（厚紙）を直径3〜4cmの円形に切って両面テープを貼り、両面テープを貼った面を下にして6〜8cm角のメッシュ折り紙の上に乗せる。

2 メッシュ折り紙で台紙（厚紙）をくるむ。

3 台紙（厚紙）よりもひと回り小さく切ったフェルトで、くるんだ部分を隠すように両面テープで貼れば完成。

● パターンC（つぼみ型）

1 パターンBの3（→P111）を10〜20個作る。
2 クリップでとめ、折りぐせをつける。
向きを変える
3 図の角に、つまようじで接着剤をつける。
4 ピンセットを図のように持つ。
5 接着剤をつけていないほうの角をピンセットではさみ、手をひねりながらくるくると巻く。
6 最後まで巻いたら、ぎゅっと根元をおさえ、固定できたらピンセットを抜く。
拡大
パターンCの完成！

組み合わせ方

1 台紙の上にパターンB（6cm角9個）を1周させるように接着剤で貼る。
2 その上にパターンA（8個）を1周させるように接着剤で貼る。
3 最後にツイストローズ（→P47〜49）を中心に貼って完成。

完成！

1 台紙の上にパターンB（6cm角8個）を1周させるように接着剤で貼る。
2 その上にパターンA（8個）を1周させ、その上にパターンC（14個）を1周させるように、それぞれ接着剤で貼る。
3 最後にツイストローズ（→P47〜49）を中心に貼って完成。

完成！

1 台紙の上に和紙で作ったパターンB（7.5cm角12個）を2層分、1周させるように接着剤で貼る。
2 その上にメッシュ折り紙で作ったパターンB（6cm角8個）を1周させるように接着剤で貼る。
3 最後にパールの飾りを接着剤で中心に貼って完成。

完成！

フラワーボール

「夢の花の器」（→P106）と同じ折り方ですが、仕上げでひと折り変えます。四弁を基本に五弁、六弁〜の「夢の花」ができます。四弁の花をふたつ、互い違いに重ね、その真ん中に小さいフリージアを花芯として入れたり、いろいろ工夫をすると、たくさんの花が生まれるので「夢の花」と名づけました。

🐝 演出のアイデア

左はアレンジ作品です。四弁の花をスポックボールにピンで刺して、接着剤で固定します。花びらの開き具合で埋まり具合が変わるので、糸鞠を作るように線を十文字に描いてその間にまた線を描いて均等になるように。

フラワーボール

● 仕上がりサイズ
直径約25cm

● 紙のサイズ&枚数
(四弁の花)：15cm×15cm
　……18枚
(骨組みパーツA) 7.5cm×7.5cm
　……14枚
(骨組みパーツB) 7.5cm×7.5cm
　……4枚

● 材料&道具
木工用接着剤、吊るし紐、目打ち

アドバイス

まずは花を折りためて。そして同じような開き具合にすること。台座も全部折って数を確認してから組み合わせると、間違いなくできます。

フラワーボールの骨組みの作り方

● パーツA　※ざぶとん基本形（→P17）を折ってから始めます。

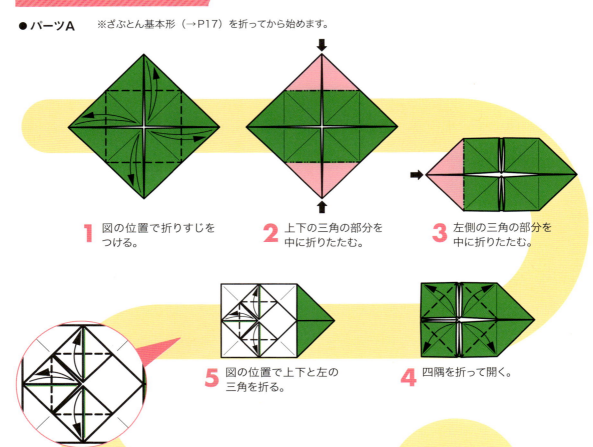

1 図の位置で折りすじをつける。

2 上下の三角の部分を中に折りたたむ。

3 左側の三角の部分を中に折りたたむ。

4 四隅を折って開く。

5 図の位置で上下と左の三角を折る。

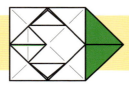

6 左側だけ元に戻して折りすじをつけておく。

同じものを14個作る。

114

● パーツB　※ざぶとん基本形（→P17）を折ってから始めます。

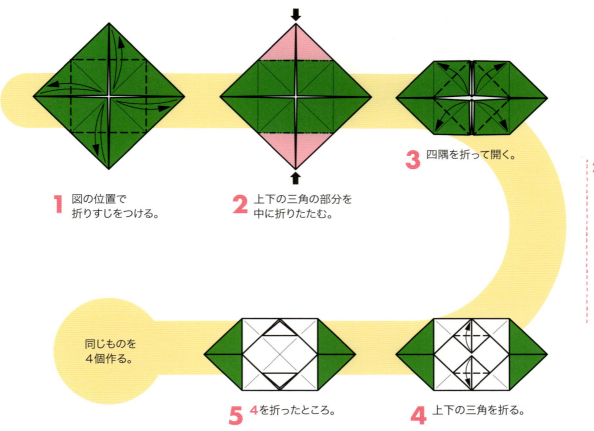

1 図の位置で折りすじをつける。
2 上下の三角の部分を中に折りたたむ。
3 四隅を折って開く。
4 上下の三角を折る。
5 4を折ったところ。
同じものを4個作る。

＊フラワーボール

組み合わせ方

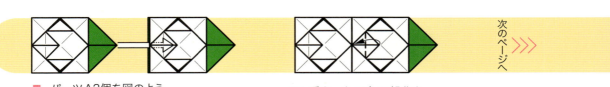

1 パーツA2個を図のように組み合わせる。
2 重なった三角の部分を一緒にとめ折りにする。

次のページへ

115

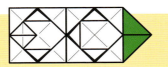
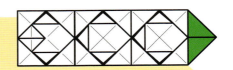

3 同様に組み合わせたものを計6セット作る。

4 3にもう1個組み合わせたものを計2セット作る。

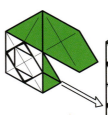

5 3を輪になるように組み合わせ、4を対角に入れて組み立てる。

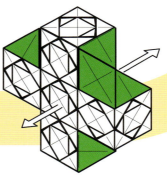

6 左右から開いて広げる。

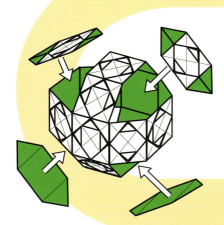

7 パーツBの4個をそれぞれ空いた角にはめていく。

8 形を丸く整える。

116

前のページより

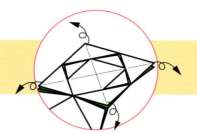

9 上部の四つ角を、目打ちやつまようじなどに巻いてカールをつける。

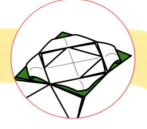

10 上部のようす。

縮小

骨組みの完成！

＊フラワーボール

花のつけ方&仕上げ方

夢の花の器（四弁）（→P106〜108）を18個作る。

それぞれ花びらをそらせて「夢の花」（四弁）にする。

〈アレンジ作品〉

それぞれの面に「夢の花」（四弁）を接着剤でとめる。

球体の発泡スチロール全体を覆うように、花の中心にカラーピンをとめ、根元に接着剤をつける。

117

花びらつきの スターボックス

五角形の紙で折り図を紹介していますが、六角形などの紙でも同じ要領で折って楽しんでください。できあがってから、底を折り筋でつまむと、底が星のようになります。ピンクで折ると、桜の花びらつきになり、合格のお祝いや、入園・入学のお祝いにぴったりです。

演出のアイデア
25cm角の紙で作った大きい器にはお菓子を入れて、15cm角の紙で作った小さいほうは、つまようじ入れや、中に水を入れた小さな容器を入れて一輪ざしを飾っても素敵です。

花びらつきのスターボックス

（大）五角形

（小）六角形

● 仕上がりサイズ
（大）約6cm×6cm
（小）約4cm×4cm

● 紙のサイズ&枚数
（大）25cm×25cm……1枚
（小）15cm×15cm……1枚

● 材料&道具
なし

アドバイス
最初は25cm角くらいの大きめのしっかりした紙で折ると、花びらを作る「つまみ開き折り」が失敗なく作れます。

花びらつきのスターボックスの作り方
※正五角形（→P19）を作ってから始めます。

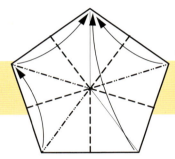

1 折りすじに沿って折りたたむ。

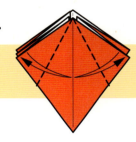

2 左右を折って折りすじをつける。

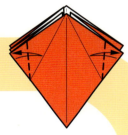

3 さらに折って折りすじをつける。

6 内側に折り入れる。

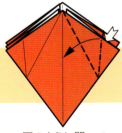

5 図のように開いて折りたたむ。

4 残りも同様に折る。

7 残りも同様に折る。

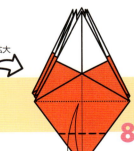

8 下に折りすじをつける（この折りすじをつける位置で器の深い浅いが決まる）。

9 上の角を手前に折り下げる。

次のページへ

119

前のページより >>>

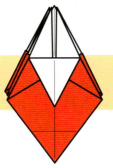

10 残りも同様に折る。

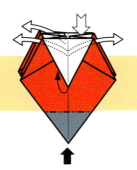

11 底を指で押し上げて平らにし、上を広げる。

向きを変える

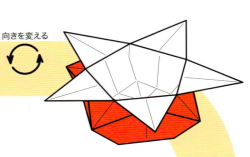

12 広げたところ。

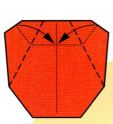

16 中心に向かって左右を折る。

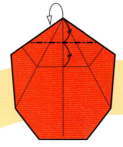

15 図の位置で上の角を内側に折り返す。

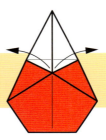

14 花びらの左右を広げる。

13 花びらの先端を戻す。

17 つまんで開きながら折る。

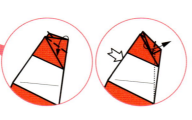

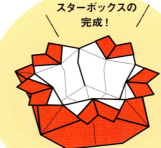

スターボックスの完成！

20 残りも同様にする。

拡大

18 一辺をつまんで折り下げながら開くようにする（つまみ開き折り→P59）。

19 裏側のふくらみを親指で押して反らせ、表面にふくらみを出す。

折り方のコツ

1を正六角形（→P19）などに変えてみると、さまざまな多角形が作れます。

フラワードール

メッシュ折り紙の八下田章一氏制作。和紙や洋紙の作品はよく見かけますが、メッシュ折り紙で作ると、とても柔らかい、優しい作品になり、飾る人のセンスが感じられるドールになります。長い人気作品で、どこでも見かけますが、この感じはなかなか……。

演出のアイデア

お話をしているのでしょうか……。2体作ってペアで飾ると、さらに存在感が増します。ストーリーが想像できそうなよい雰囲気が出ます。

制作：八下田章一

フラワードール

● 仕上がりサイズ
高さ約23cm

● 紙のサイズ&枚数
メッシュ折り紙
30cm×30cm……1枚
8cm×8cm……24枚
6cm×6cm……20枚

● 材料&道具
発泡スチロール（球体）：直径3cm
……1個
竹串、土台（木など）、木工用接着剤、はさみ、きり、糸

アドバイス
メッシュ折り紙は、つまみフラワー以外は、折るときに引っ張らないこと。強く押さえるのがコツ。少し折っては洗濯クリップなどで押さえて折りすじがつくようにすれば完成作品に差が出ます。

伝承くす玉の作り方

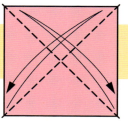
1 図のように折りすじをつける。

2 さらに折りすじをつける。

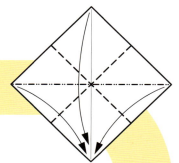
3 折りすじの通りに折りたたむ。

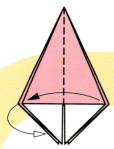
6 開きを変える。

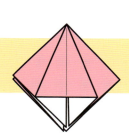
5 残りの3か所も同様に折る。

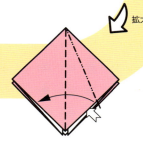
4 開いて折りたたむ。

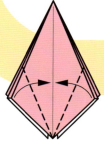
7 中心に向かって左右を折る。

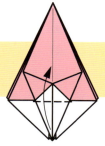
8 下の角を図の位置で折る。

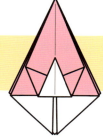
9 残りの3か所も同様に折る。

次のページへ

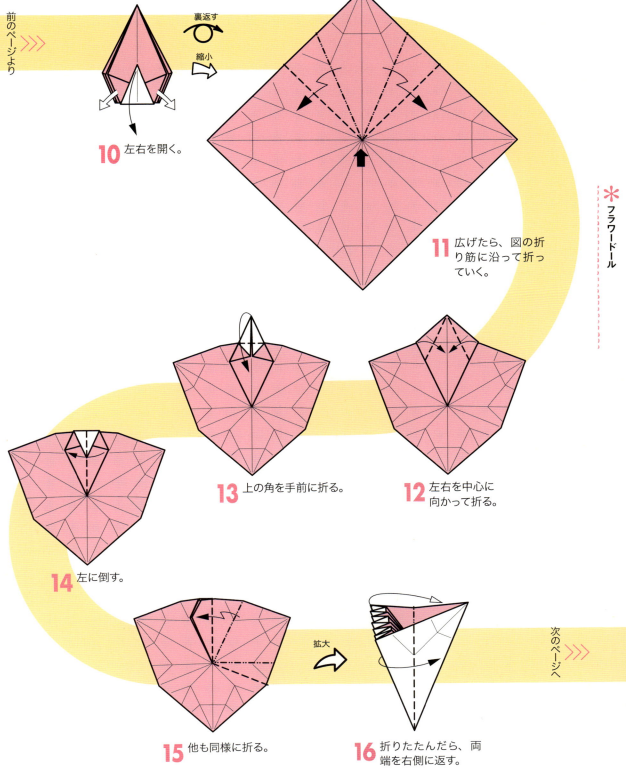

完成！

17 両端を内側にそれぞれ折り込む。

18 他も同様に折り、1つずつ間隔を開けて中割り折りをする。

フラワードールの作り方

※伝承のくす玉をそれぞれパーツごとに用意します。

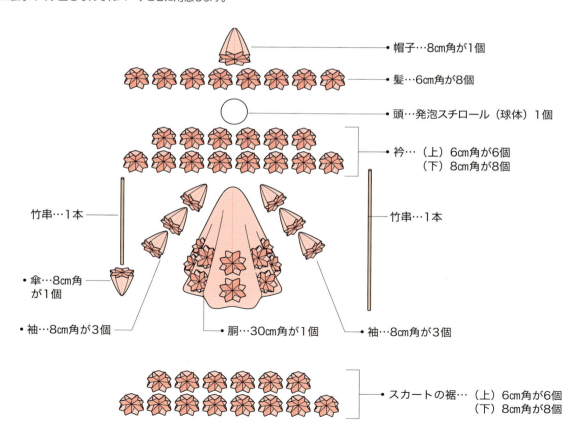

- 帽子…8cm角が1個
- 髪…6cm角が8個
- 頭…発泡スチロール（球体）1個
- 衿…（上）6cm角が6個
　　　（下）8cm角が8個
- 竹串…1本
- 竹串…1本
- 傘…8cm角が1個
- 袖…8cm角が3個
- 胴…30cm角が1個
- 袖…8cm角が3個
- スカートの裾…（上）6cm角が6個
　　　　　　　（下）8cm角が8個

組み合わせ方

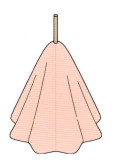

1 胴の先端をきりで穴を開け、中心に竹串を通す。

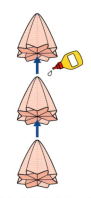

2 それぞれの袖を作る。3つ連続するように接着剤でつける。

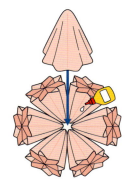

3 帽子と髪を作る。6個の先端に糸を通して輪にして結び、上から1個を乗せるようにさらに接着剤でつける。

＊フラワードール

4 傘を作る。竹串の先端に1個を接着剤でつける。

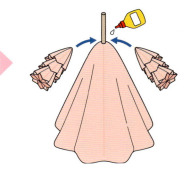

5 胴に両袖をつける。胴の先端に**2**をそれぞれ左右に接着剤でつける。

6 衿をつける。上下2段で上が6個ずつ、下が8個ずつ、それぞれ糸で輪にして接着剤でつける。

7 スカートの裾1か所に対して飾りを2個ずつ計14個、接着剤でつける。

8 帽子と傘をそれぞれ図の位置に接着剤でつける。

9 最後に、土台（木など）にきりなどで穴を開け、竹串に接着剤をつけて差し込めば完成。

125

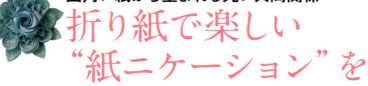

四角い紙から生まれる丸い人間関係
折り紙で楽しい"紙ニケーション"を
——鈴木恵美子

人を感動させ、人の心を動かす折り紙の世界

　私は教育機関からの依頼で"折り紙の世界"を紹介し、簡単な作品作りをする「おはなし＆折り紙」の授業を行っています。また、日本折紙協会の「折り紙シンポジウム」や「折り紙教育を考える会」の全国大会などで、作品展示や講習をし、その機会があるたびに皆さまと楽しいひとときを過ごさせていただいております。

　とある講演会でのできごとです。会場に展示する作品のテーブルを運ぶため、会場の廊下でスタンバイしていたスタッフの女性が、「これ、全部折り紙でできているのですか。信じられません！」と感激され、涙を浮かべている姿を見て、私のほうが驚き感激しました。「どうして涙が出るのでしょう。"気"を感じるからでしょうか……」とその女性はおっしゃいました。私はとてもうれしくなり、直後の講演で300人の方へご挨拶するときに、そのお話からさせていただきました。折り紙の活動をしてきて、本当に幸せを感じた瞬間でした。

　私の長年のテーマは、"素材をいかし、素材を楽しむ折り紙の世界"です。いろいろな素材で折る作品を見た方から、「癒されます」といわれることもたびたびあります。

　かつて、ある有名国立大学の男子学生が「タンポポ」と「ひまわり」の区別がつかなかった、と嘘のような本当のお話を聞いたことがあります。彼は2つの花は知ってはいましたが、それは図鑑を見て知っていただけで、実物は見たことがなかった……と聞いて大変驚きました。その年齢まで実物を見ていなかったという信じられない実話なのです。「折り紙」の世界でこの事を別な視点から提案してみたいと思いました。

　私は、「折り紙教育を考える会」の末席におります。この会は、数学や算数の先生方（現役の方々、退職後も何かの形で携わっている方々）の集まりで、教育の中で「折り紙」を使った授業を研究・実践しています。私は、算数や数学が苦手な学生時代を過ごした人間で、会員としてはふさわしくはありません。でも、私のそんな体験を含めて……と、教育機関から声をかけていただくのですから、不思議なご縁を感じています。

　大会では、他の先生方は、「折り紙」を使って算数や数学の授業の実践発表をしていますが、私は授業についていけない生徒の気持ちがよく分かるので、まずはそのあたりのところから入ります。「授業に入る前のパフォーマンスに役立つ作品」や「クラスに一体感を感じる雰囲気作りの作品」などを紹介しています。

「この花は、何でしょう？」で始まった発表のようす。
（折り紙教育を考える会の全国大会・札幌より）

2016年の発表のときは、まず直径約30cmの造花を片手にかかげ、「この花は、何でしょう？」と問いかけました（先に述べた男子大学生の実話の再現シーンとは誰も思いません）。もう一方の手には、折り紙の小さな花を持って。

　約30cmの花を一つだけ写真に撮ると、実物の花の写真と見比べても、そこに何か比べるものが写っていなければ大きさは分かりません。私が大きいのを持っているので「大きい花」と分かります。

大きさからいくと「ひまわり」ですが、大きな造花は、「ジャンボガーベラ」です。小さい折り紙の花は、「ひまわり」です。

　大学生になるまで本物の花を見ないで、机上での勉強ばかりせず、ときには家族で散歩をしながら、本物の花を見て育ってほしい……。そして、「折り紙」を通して、会話を楽しみながら温かい心が育んでいってほしいと思っております。

折り紙でさまざまな交流が生まれ、新しい作品を創作できる

　私は、アメリカ、イギリス、イタリア、ドイツ、トルコ、アゼルバイジャン、韓国、中国、インド、モンゴル、フィリピンなどで折り紙による交流活動を行い、関係するさまざまな方との交流をいつも楽しみにしています。

　訪れた国や地域によって、交流の深度に差はありますが、2016年に訪れたインドでの展示と講習のことを少しお話しします。呼んでいただいたのは2回目でしたが、前回との違いは、趣向を凝らしてインドの生け花クラブとのコラボ展示をさせていただきました。私が持参した160本の折り紙フラワーと、インドの方がお庭の葉っぱを持参して作品を展示しました。展示の前日に、インドの方に教えた〝簡単花瓶カバー〟をすぐに取り入れてくださり、お互いに喜びにあふれた展示会になりました。会場を訪れた方々にも大変好評で、とても、素敵な国際交流ができた4日間でした。

「あやめ」のコラボ作品。すっと伸びた長いほうが本物の葉。

「ゆり」のコラボ作品。折り紙で作った花器に入れて。

「春のフリージアと秋のりんどうの花」。折り紙だからできる春と秋の花を一緒に。

あとがき

　「花の折り紙の本を」と声をかけてくださった池田書店さん、作品撮影にご協力いただいたカメラの渡辺七奈さんやスタイリストの宇田川一美さんに感謝申し上げます。編集制作会社の方には、多忙で何度も期日内に原稿が出せず、ご迷惑をおかけしました。また、折り図を担当してくださった青木良さんは、作風がまったく異なる私の作品にご苦労なさったと思います。そして、15年前の折り紙展示会のご縁で最高の撮影場所を提供してくださった藏持ハウジングの藏持社長をはじめ、スタッフの方々のおかげで快適な撮影ができ、作品を何倍も素敵に演出することができました。

　皆さまのお力添えで私の世界を多くの方に見ていただけること、心からお礼を申し上げます。最後に家族の協力にも感謝します！

鈴木恵美子

著者プロフィール

鈴木恵美子（すずき・えみこ）

折り紙作家。茨城県牛久市在住。日本折紙協会・折り紙教育を考える会などに属し、「四角い紙から生まれる丸い人間関係　折り紙で楽しい紙ニケーション」をテーマに、教育活動の一環として「折り紙」を通して子供の情操教育の重要性を、また生涯学習講座などを通してコミュニケーションの大切さを提唱している。国内外で幅広い普及活動とともに、創作や素材研究にも力を注いでいる。代表作はツイストローズ。著書に『バラの折り紙 ツイストローズ』『食べる・動かす・もてなす折り紙』（ともに日貿出版社）、『贈って喜ばれる 季節の花と小物の折り紙』（PHP研究所）、『メッシュ折り紙』（ブティック社）があるほか、多数の本に作品を提供。

作品提供	岡村昌夫、八下田章一
折り図製作	青木　良
図版作成	坂川由美香
撮影	渡辺七奈
スタイリング	宇田川一美
デザイン・DTP	鷹觜麻衣子
撮影協力	株式会社藏持、AWABEES、UTUWA
執筆協力・校正	佐藤美智代
編集制作	株式会社童夢

〈参考文献〉
『バラの折り紙 ツイストローズ』（日貿出版社）
『贈って喜ばれる 季節の花と小物の折り紙』（PHP研究所）
『つなぎ折鶴の世界――「秘伝千羽鶴折形」』（岡村昌夫著、本の泉社）

〈使用素材〉
いなば和紙協業組合、八下田織物株式会社（メッシュ折り紙の問い合わせ先 http://colormesh.net）、株式会社トーヨー、株式会社クラサワ、株式会社竹尾見本帖本店、株式会社古河、紙文化財団

〈協力〉
日本折紙協会（電話03-3625-1161）

飾る・贈る 花の折り紙

●協定により検印省略

著　者	鈴木恵美子
発行者	池田　豊
印刷所	図書印刷株式会社
製本所	図書印刷株式会社
発行所	株式会社池田書店
	〒162-0851　東京都新宿区弁天町43番地
	電話03-3267-6821(代)／振替00120-9-60072

落丁・乱丁はおとりかえいたします。
©Suzuki Emiko 2017, Printed in Japan
ISBN978-4-262-15292-9

本書のコピー、スキャン、デジタル化等の無断複製は著作権法上での例外を除き禁じられています。本書を代行業者等の第三者に依頼してスキャンやデジタル化することは、たとえ個人や家庭内での利用でも著作権法違反です。

1700905